COLLECTION POÉSIE

RENÉ CHAR

Recherche
de la base
et du sommet

Édition collective

GALLIMARD

I. PAUVRETÉ ET PRIVILÈGE

DÉDICACE

Pauvreté et privilège est dédié à tous les désenchantés silencieux, mais qui, à cause de quelque revers, ne sont pas devenus pour autant inactifs. Ils sont le pont. Fermes devant la meute rageuse des tricheurs, au-dessus du vide et proches de la terre commune, ils voient le dernier et signalent le premier rayon. Quelque chose qui régna, fléchit, disparut, réapparaissant devrait servir la vie : notre vie des moissons et des déserts, et ce qui la montre le mieux en son avoir illimité.

On ne peut pas devenir fou dans une époque forcenée bien qu'on puisse être brûlé vif par un feu dont on est l'égal.

1954.

Certains jours il ne faut pas craindre de nommer les choses impossibles à décrire.

Base et sommet, pour peu que les hommes remuent et divergent, rapidement s'effritent. Mais il y a la tension de la recherche, la répugnance du sablier, l'itinéraire nonpareil, jusqu'à la folle faveur, une exigence de la conscience enfin à laquelle nous ne pouvons nous soustraire, avant de tomber au gouffre.

Pourquoi me soucierais-je de l'histoire, vieille dame jadis blanche, maintenant flambante, énorme sous la lentille de notre siècle biseauté ? Elle nous gâche l'existence avec ses précieux voiles de deuil, ses passes magnétiques, ses dilatations, ses revers mensongers, ses folâtreries.

Je m'inquiète de ce qui s'accomplit sur cette terre, dans la paresse de ses nuits, sous son soleil que nous avons délaissé. Je m'associe à son bouillonnement. Par la trêve des décisions s'ajourne quelque agonie.

BILLETS À FRANCIS CUREL

I

... Je ne désire pas publier dans une revue les poèmes que je t'envoie. Le recueil d'où ils sont extraits, et auquel en dépit de l'adversité je travaille, pourrait avoir pour titre *Seuls demeurent*. Mais je te répète qu'ils resteront longtemps inédits, aussi longtemps qu'il ne se sera pas produit quelque chose qui retournera entièrement l'innommable situation dans laquelle nous sommes plongés. Mes raisons me sont dictées en partie par l'assez incroyable et détestable exhibitionnisme dont font preuve depuis le mois de juin 1940 trop d'intellectuels parmi ceux dont le nom jadis était précédé ou suivi d'un prestige bienfaisant, d'une assurance de solidité quand viendrait l'épreuve qu'il n'était pas difficile de prévoir... On peut être un agité, un déprimé ou moralement un instable, et tenir à son honneur ! Faut-il les énumérer ? Ce serait trop pénible.

Après le désastre, je n'ai pas eu le cœur de rentrer dans Paris. À peine si je puis m'appliquer ici, dans un lointain que j'ai choisi, mais que je trouve encore trop à proximité des allées et venues des visages résignés à eux-mêmes et aux choses. Certes, il faut écrire des poèmes, tracer avec de l'encre silencieuse la fureur et les sanglots de notre humeur mortelle, mais tout ne doit pas se borner là. Ce serait dérisoirement insuffisant.

Je te recommande la prudence, la distance. Méfie-toi des fourmis satisfaites. Prends garde à ceux qui s'affirment rassurés parce qu'ils pactisent. Ce n'est pas toujours facile d'être intelligent et muet, contenu et révolté. Tu le sais mieux que personne. Regarde, en attendant, tourner les dernières roues sur la Sorgue. Mesure la longueur chantante de leur mousse. Calcule la résistance délabrée de leurs planches. Confie-toi à voix basse aux eaux sauvages que nous aimons. Ainsi tu seras préparé à la brutalité, notre brutalité qui va commencer à s'afficher hardiment. Est-ce la porte de notre fin obscure, demandais-tu ? Non. Nous sommes dans l'inconcevable, mais avec des repères éblouissants.

1941.

II

... Je veux n'oublier jamais que l'on m'a contraint à devenir — pour combien de temps ? — un monstre de justice et d'intolérance, un simplificateur claquemuré, un personnage arctique qui se désintéresse du sort de quiconque ne se ligue pas avec lui pour abattre les chiens de l'enfer. Les rafles d'Israélites, les séances de scalp dans les commissariats, les raids terroristes des polices hitlériennes sur les villages ahuris, me soulèvent de terre, plaquent sur les gerçures de mon visage une gifle de fonte rouge. Quel hiver ! Je patiente, quand je dors, dans un tombeau que des démons viennent fleurir de poignards et de bubons.

L'humour n'est plus mon sauveur. Ce qui m'accable, puis m'arrache de mes gonds, c'est qu'à l'intérieur de la nation écrêtée pourtant par les courants discordants suivis de pouvoirs falots et relativement débonnaires, — la répression de l'agitation ouvrière et les cruelles expéditions coloniales mises à part, dague que la haine de classes et la cupidité éternelle poussent par intervalles dans quelque chair au préalable excommuniée — puissent se compter si nombreux les individus méditants qui se rendent gaillardement à l'appeau du tortionnaire et s'enrôlent parmi ses légions. Quelle entreprise d'extermination dissimula moins ses buts que celle-ci ? Je ne comprends pas, et si je comprends, ce que je touche est terrifiant. À cette échelle, notre globe ne serait plus, ce soir, que la boule d'un cri immense dans la gorge de l'infini écartelé. C'est possible et c'est impossible.

1943.

III

La pensée ne t'a pas effleuré de tirer du déluge ta défroque à rayures pour en faire une relique pour les tiens. Tu l'as jetée aux flammes ou tu l'as mise en terre avec ses poux incalculables et les trous de ta maigreur. Trois ans avec Hadès ! Tu t'habilles, ce matin, de feuilles et de fleurs de sureau, de sable de rivière et d'air chargé de menthe. J'ai eu peur pour toi, mais une peur mobilisée.

Bien que l'on ait construit en ton absence d'affreuses maisons en bordure des champs où tu chassais la caille (le mouvement de l'argent ne ralentissait pas durant ta diète...), tu n'es pas moins heureux qu'autrefois, ni plus amer, seulement plus averti, moins saisissable dans tes arrêts. Louis, ton père, embellit à nouveau tout ce qu'il touche. Il renaît à ta vue. Son platane le dit.

Ne songeons pas aux couards d'hier, auxquels se joindront les nôtres ambitieux, qui s'accoutrent pour la tournée des commémorations et des anniversaires. Rentrons. Les clairons insupportables sonnent la diane revenue.

Chaudon a été massacré par la Gestapo aidée de la Milice de Darnand, avec vingt de nos camarades, à Signes. Extraits de leur prison, conduits dans une clairière, et cloués là au sol, dans la lumière épouvantable de l'été. Je reçus la nouvelle de sa capture le 22 juillet 1944 à Alger, où une décision saugrenue de l'État-Major interallié nous avait amenés, quelques-uns, pour coopérer au débarquement en France Sud, plus exactement pour permettre à certains gradés évanescents de l'armée de libération de s'assurer de nos unités du maquis dont ils redoutaient les vues hardies, les intuitions et les chimères. Chaudon nourrissait à l'égard des gens d'Alger — à l'exclusion de la France combattante et de l'espèce de Saint-Michel sans son prochain*, son chef — des sentiments de méfiance et d'incrédulité. Il

---

* *Les prochains* ne lui ont pas fait défaut depuis lors. Qu'on en juge par les stratagèmes à les solliciter. (*Note de 1963.*)

pressentait leur impuissance à développer bientôt le prodige de notre relaxe, il devinait leurs faibles qualités politiques et humaines, à peine supérieures à celles des cancres de Vichy, cancres en côtoyant d'autres, ceux-là, criminels.

Arthur t'apportera demain un sac de pommes de terre, un tonneau de vin, un jambon des Alpes et ton fusil de chasse que la graisse a préservé de la rouille. Dix cartouches de chevrotines te permettront de filer à tes affûts sans tarder.

Lucienne, la veuve de Roger Bernard, est retournée à Pertuis avec son enfant. La courageuse a trouvé du travail dans une usine de feux d'artifice. Puissent les poudres monter aux nues la clarté de son beau visage en larmes !

Ah ! nous savions que tant qu'il y aurait une tige d'herbe et une bouchée de nuit dans le vivier, la truite n'y mourrait pas.

1946.

IV

Les mois qui ont suivi la Libération, j'ai essayé de mettre de l'ordre dans ma manière de voir et d'éprouver qu'un peu de sang avait tachée, à mon corps défendant, et je me suis efforcé de séparer les cendres du feu dans le foyer de mon cœur. Ascien, j'ai recherché l'ombre et rétabli la mémoire, celle qui m'était antérieure. Refus de siéger à la cour de justice, refus d'accabler autrui dans le dialogue quotidien retrouvé, décision tenue enfin d'opposer la lucidité au bien-être, l'état naturel aux honneurs, ces mauvais champignons qui prolifèrent dans les crevasses de la sécheresse et dans les lieux avariés, après le premier grain de pluie. Qui a connu et échangé la mort violente hait l'agonie du prisonnier. Mieux vaut une certaine épaisseur de terre échue durant la fureur. L'action, ses préliminaires et ses conséquences, m'avaient appris que l'innocence peut affleurer mystérieusement presque partout : l'innocence abusée, l'innocence par définition ignorante. Je ne donne pas ces dispositions pour exemplaires. J'eus peur simplement de me tromper. Les enragés de la veille, ces auteurs du type nouveau de « meurtrier continuel », continuaient, eux, à m'écœurer au-delà de tout châtiment. Je n'entrevoyais pour la bombe atomique qu'un usage, celui de réduire à néant ceux, judicieusement rassemblés, qui avaient aidé à l'exercice de la terreur, à l'application du Nada. Au lieu de cela, un procès* et l'apparition dans les textes de répression d'un qualificatif inquiétant : génocide. Tu le sais, toi, qui demeuras deux ans derrière les barbelés de Linz, imaginant à longueur de journée la dissémination de ton corps en poussière; toi qui, le soir de ton retour parmi nous, voulus marcher dans les prairies de ton pays, ton chien sur tes talons, plutôt que de répondre à la convocation du commissaire qui désirait mettre devant tes yeux la fiente qui t'avait dénoncé. Tu dis pour t'excuser ce mot étrange : « Puisque je ne suis pas mort, *il* n'existe pas. » En vérité, je ne connais qu'une loi qui convienne à la destination qu'elle s'assigne : la loi martiale, à l'instant du malheur. Malgré ta maigreur et tes allures d'outre-tombe, tu voulus bien m'approuver. La générosité malgré soi, voilà ce qu'appelait secrètement notre souhait à l'horloge exacte de la conscience.

Il est un engrenage qu'il faut rompre coûte que coûte, une clairvoyance maussade qu'il faut se décider à appliquer avant qu'elle devienne la conséquence sournoise d'alliances impures et de compromis. Si en 1944, on avait, en général, strictement châtié, on ne rougirait pas de faire quotidiennement la rencontre, aujourd'hui, sans le moindre malaise de leur part, d'hommes déshonorés, de gredins ironiques, tandis qu'un personnel falot garnit les prisons. On objecte que la nature du délit a changé, une frontière qui n'est que politique laissant toujours passer le mal. Mais on ne ranime point les morts dont le corps supplicié fut réduit à de la boue. Le fusillé, par l'occupant et ses aides, ne se réveillera pas dans le dépar-

---

* Le procès de Nuremberg. L'étendue du crime rend le crime impensable, mais sa science saisissable. L'évaluer c'est admettre l'hypothèse de l'irresponsabilité du criminel. Or, *tout homme,* fortuitement ou non, peut être pendu. Cette égalité est intolérable.

tement limitrophe à celui qui vit sa tête partir en morceaux ! La vérité est que la compromission avec la duplicité s'est considérablement renforcée parmi la classe des gouverneurs. Ces arapèdes engrangent*. L'énigme de demain commande-t-elle tant de précautions ? Nous ne le croyons pas. Mais, attention que les pardonnés, ceux qui avaient choisi le parti du crime, ne redeviennent nos tourmenteurs, à la faveur de notre légèreté et d'un oubli coupable. Ils trouveraient le moyen, avec le ponçage du temps, de glisser l'hitlérisme dans une tradition, de lui fournir une légitimité, une amabilité même !

Nous sommes partisans, après l'incendie, d'effacer les traces et de murer le labyrinthe. On ne prolonge pas un climat exceptionnel. Nous sommes partisans, après l'incendie, d'effacer les traces, de murer le labyrinthe et de relever le civisme. Les stratèges n'en sont pas partisans. Les stratèges sont la plaie de ce monde et sa mauvaise haleine. Ils ont besoin, pour prévoir, agir et corriger, d'un arsenal qui, aligné, fasse plusieurs fois le tour de la terre. Le procès du passé et les pleins pouvoirs pour l'avenir sont leur unique préoccupation. Ce sont les médecins de l'agonie, les charançons de la naissance et de la mort. Ils désignent du nom de science de l'Histoire la conscience faussée qui leur fait décimer une forêt heureuse pour installer un bagne subtil, projeter les ténèbres de leur chaos comme lumière de la Connaissance. Ils font sans cesse se lever devant eux des moissons nouvelles d'ennemis afin que leur faux ne se rouille pas, leur intelligence entreprenante ne se paralyse. Ils exagèrent à dessein la faute et sous-évaluent le crime. Ils mettent en pièces des préjugés anodins et les remplacent par des règles implacables. Ils accusent le cerveau d'autrui d'abriter un cancer analogue à celui qu'ils recèlent dans la vanité de leur cœur. Ce sont les blanchisseurs de la putréfaction. Tels sont les stratèges qui veillent dans les camps et manœuvrent les leviers mystérieux de notre vie.

Le spectacle d'une poignée de petits fauves réclamant la curée d'un gibier qu'ils n'avaient pas chassé, l'artifice jusqu'à l'usure d'une démagogie macabre ; parfois la copie par les nôtres de l'état d'esprit de l'ennemi aux

* Dans une autre version, on lit : « Sylla et Machiavel engrangent. »

heures de son confort, tout cela me portait à réfléchir. La préméditation se transmettait. Le salut, hélas précaire, me semblait être dans le sentiment solitaire du bien supposé et du mal dépassé. J'ai alors gravi un degré pour bien marquer les différences.

À mon peu d'enthousiasme pour la vengeance se substituait une sorte d'affolement chaleureux, celui de ne pas perdre un instant essentiel, de rendre sa valeur, en toute hâte, au prodige qu'est la vie humaine dans sa relativité. Oui, remettre sur la pente nécessaire les milliers de ruisseaux qui rafraîchissent et dissipent la fièvre des hommes. Je tournais inlassablement sur les bords de cette croyance, je redécouvrais peu à peu la durée, j'améliorais imperceptiblement mes saisons, je dominais mon juste fiel, je redevenais journalier.

Je n'oubliais pas le visage écrasé des martyrs dont le regard me conduisait au Dictateur et à son Conseil, à ses surgeons et à leur séquelle. Toujours Lui, toujours eux pressés dans leur mensonge et la cadence de leurs salves ! Des impardonnables venaient ensuite qu'il fallait résolument affliger dans l'exil, les chances honteuses du jeu leur ayant souri. La perte de justice, par conjoncture, est inévitable.

Quand quelques esprits sectaires proclament leur infaillibilité, subjuguent le grand nombre et l'attellent à leur destin pour le mener à la perfection, la Pythie est condamnée à disparaître. Ainsi commencent les grands malheurs. Nos tissus tiennent à peine. Nous vivons au flanc d'une inversion mortelle, celle de la matière compliquée à l'infini au détriment d'un savoir-vivre, d'une conduite naturelle monstrueusement simplifiés. Le bois de l'arbuste contient peu de chaleur, et on abat l'arbuste. Combien une patience active serait préférable ! Notre rôle à nous est d'influer afin que le fil de fraîcheur et de fertilité ne soit pas détourné de sa terre vers les abîmes définitifs. Il n'est pas incompatible au même moment de renouer avec la beauté, d'avoir mal soi-même et d'être frappé, de rendre les coups et de s'éclipser.

Tout être qui jouit de quelque expérience humaine, qui a pris parti, à l'extrême, pour l'essentiel, au moins une fois dans sa vie, celui-là est enclin parfois à s'exprimer en termes empruntés à une consigne de légitime défense et de conservation. Sa diligence, sa méfiance se relâchent difficilement, même quand sa pudeur ou sa propre faiblesse lui font réprouver ce penchant déplaisant. Sait-on qu'au-delà de sa crainte et de son souci cet être aspire pour son âme à d'indécentes vacances ?

1948.

PRIÈRE ROGUE

Gardez-nous la révolte, l'éclair, l'accord illusoire, un rire pour le trophée glissé des mains, même l'entier et long fardeau qui succède, dont la difficulté nous mène à une révolte nouvelle. Gardez-nous la primevère et le destin.

1948.

HUIS DE LA MORT SALUTAIRE
L'interrogatoire total

— Bolet de Satan, délice bombé,
Le crime est serein après son aveu.

— Je ne suis qu'un vieux pieux bourrelier,
J'aimais les chevaux, je les habillais.

— Tu étais nuisible et tu étais traître.

— Dans mon atelier, j'étais seul, vous dis-je;
Je piquais le cuir, je l'adoucissais.

— Coupable ou suspect tu seras celui
Dont l'Histoire dit : « Tel il s'est voulu.
Serais-je assez folle pour approfondir ? »

Bolet de Satan, lumineux captif,
Tu contribueras à notre effigie;
Tu enchériras sur notre inclémence.

Répète : « J'avoue, pardon, punissez. »
Et tu certifies de tout ton sommeil —

Un couteau traînait, hasard ou bonheur.
L'homme se tua, liberté en main.

1948.

LA LUNE D'HYPNOS

À la mi-juillet 1944, l'ordre me parvint d'Alger, dans le maquis de Céreste, de me tenir prêt à m'envoler par la plus proche opération d'atterrissage clandestin. L'avion se poserait de nuit sur un de nos terrains du mont Ventoux et m'emmènerait. Cette perspective de départ au lieu de me séduire me contraria. Je me doutais bien que si l'État-Major interallié d'Afrique du Nord convoquait l'un de nous, c'était parce que le débarquement en zone sud était imminent. Je pressentais que son éventualité pouvait à la rigueur pour information justifier ma présence là-bas, le département dont j'avais, pour les opérations aériennes, la charge, figurant en bonne place parmi les soucis du Haut Commandement. En effet, les Allemands, en se repliant du littoral méditerranéen, étaient, croyait celui-ci, capables de s'accrocher aux contreforts bas-alpins et de compromettre l'avance rapide des Alliés le long du Rhône. Mes camarades et moi étions sceptiques sur les prolongements et les chances de cette aventure. Les effectifs ennemis déjà assommés n'auraient pu constituer là qu'un hérisson peu dangereux. Les maquis, avec un armement convenable, étaient aptes, soutenus par l'aviation, à empêcher les unités les plus combatives de se nouer et de se retrancher. Nous étions placés pour le savoir. Mais nous savions aussi que sur les bords opposés de la Méditerranée, les avis là-dessus différaient. Les rapports d'agents parachutés en France occupée, puis exfiltrés, tendaient toujours à outrer les choses, d'abord les périls. Ceci est commun, l'insigne mérite se préférant au moindre. Mais pourquoi à Alger se montrait-on tantôt si naïf, tantôt si malveillant ? Avec une désaffection chaque jour plus prononcée à l'égard de tout ce qui concernait le sort et l'avenir de la jeunesse réfractaire. Cette dernière était douée de religiosité humaine et de bonne volonté. Hors-la-loi à l'intérieur de la plus souveraine des lois et humus docile à la bêche de l'espérance. Oui, pourquoi cette duplicité dont les symptômes nous déconcertaient ? Parce que nombre de militaires et de politiciens sont des invertis de l'imagination, des radoteurs de calcul différentiel. Sans doute sont-ils trop friands de poste fixe et de confort, de toute espèce d'ambition flagellante et de confort. Et toute la contrepartie positive de cela s'étalait en plaques, ici, herbe de reviviscence ! À Alger, on clignait de l'œil au baromètre...

Le soir arriva où le message confirmant la venue de l'avion passa sur les ondes. Les heures qui l'avaient précédé, je les avais remplies à converser avec mes compagnons, à les consulter, à retenir leurs suggestions pour les transmettre de l'autre côté de la mer. Leur mérite était grand de ne pas se sentir le moral déchiré. Le printemps et le début de l'été avaient été meurtriers. Nos rencontres avec les S S et les miliciens s'achevaient le plus souvent, suivant l'état des forces en présence, en extermination ou en retraites implacables. La plupart de mes camarades des débuts de l'action avaient été tués ou fusillés. Quelques-uns avaient disparu, d'autres s'étaient démis. Les nouveaux venus parmi les responsables manquaient d'opiniâtreté, de pur courage, d'attention d'âme. Du moins je me l'imaginais. Les divisions émanant des différences creusaient leurs ornières. Je m'étais assombri. Je ne m'échangeais plus que du regard. Mes torts étaient certains. Depuis la mort d'Émile Cavagni, je me sentais très seul. Un lourd morceau de soleil s'était, avec la disparition de cet homme, cassé et vidé de bonheur. L'optimisme taré que je devais entretenir autour de moi m'asphyxiait. L'impératif de maintien, à n'importe quel prix, de la guérilla collait à ma peau comme une prébende, bien que je me rendisse compte qu'en elle seule résidait le salut ou tout au moins la solution la moins étrécissante. Aux divers points critiques des Basses-Alpes, Zyngerman, Noël, Chaudon, Aubert, Besson, Grillet, Rostagne tenaient tête comme ils le pouvaient, c'est-à-dire qu'ils faisaient front de toute leur expérience de lutteurs avertis aux embarras les plus extravagants. Mais une admirable jeunesse, la veille encore contrainte par la terreur de l'occupant mais rapidement délivrée d'elle par la légende de notre existence, maintenant se répandait, accourait pour l'ultime transfusion de sang. Ce quelque chose qui agonisait mi-partie chez les réfractaires, mi-partie chez leurs ennemis, se révéla d'un coup brutalement déstupéfié. Le combat retrouva sa vélocité en même temps que sa souffrance.

Le dernier compagnon avec lequel je m'entretins fut Roger Chaudon. Il me déconseillait, lui, fortement de partir. Il mettait une insistance triste à me peindre en noir *le milieu* qui allait être le mien en Afrique du Nord, les intrigues dont je serais le témoin écœuré. Chaudon, dont je devais quelques jours plus tard à Alger apprendre le martyre, avec une honte impuissante, est un de ceux auprès du souvenir de qui je reviendrai longtemps, car il était celui-là même qui avait le don de purifier toute question par la teneur *juste* de sa réponse. Il aimait la vie comme on l'aime à quarante ans, avec un regard d'aigle et des effusions de mésange. Sa générosité l'agrandissait au lieu de l'entraver. Il croyait sans niaiserie que la vertu de nos dix doigts ajoutée à la ténacité de notre cœur, à une ruse aussi, parade au mal qu'il fallait, pour ne pas être contaminé, rejeter ensuite comme une défroque, possédaient contre la tyrannie des ressources qu'on ne doit pas perdre. Le battant des avocats du diable lui était connu : « Leur descendance est assurée pour de nombreuses années. Ils ont si bien fait leur compte qu'ils ont des fils jusque parmi nous. Nous connaîtrons l'époque d'une autre peur. Je parie ma vie contre l'entreprise. » Telle était sa pensée.

Il est deux heures du matin sur l'immense champ de lavande. L'air est vif, la brise éveillée. La crête du mont Ventoux retient sur ses pentes toute une laine glacée de nuages, nuages qui ont cessé de vivre. Les signaux d'atterrissage ont été disposés en triangle sur l'aérodrome improvisé. Le directeur de l'opération guette de l'oreille, la lampe à la main, prête à lancer son jet de clarté, le son du moteur qui va s'infléchir jusqu'à nous. Le minuscule appareil surgit soudain de l'ombre, un instant se méfie, nous rase puis atterrit. Quelques accolades, un adieu du bras, je me glisse dans l'incommode carlingue. J'ai le temps encore de sourire à Arthur qui ne m'a guère quitté jusqu'ici, Arthur qui rentre dans ses épaules sa tête de coyote. L'avion a décollé. Un pilote américain, prisonnier évadé, et un excentrique, spécialiste des exécutions sommaires, sont mes compagnons de voyage. J'éprouve dans mon indépendance nouvelle une angoisse fine et heureuse mêlée à un remords dont l'origine m'est parfaitement claire. Je m'identifie, non sans me moquer, à ces images coloriées des magazines de l'enfance : chasse aux grands fauves, prise de citadelle. Les autres, par mots criés, parlent et gesticulent. Le *Lysander* met le cap au sud, à basse altitude. L'avion n'est pas armé. Sa course est suivie par la lune qui la surplombe, colosse sournois. Le regard moite de la lune m'a toujours donné la nausée. Cette nuit plus que jamais. Mon attention préfère rechercher les défilés de sol obscur sous la ligne ondulée des montagnes. Pourquoi me suis-je serré puis ouvert brusquement ? Je ploie sous l'afflux d'une ruisselante gratitude. Des feux, des brandons partout s'allument, montent de terre, bouffées de paroles lumineuses qui s'adressent à moi qui pars. De l'enfer, au passage on me tend ce lien, cette amitié perçante comme un cri, cette fleur incorruptible : le feu. Comme les étoiles du ciel de Corse, au terme de la traversée, me parurent pâlottes et minaudières !

Il ne devait pas dépendre, hélas, de mes moyens qu'une ferveur de la première aurore trouvât des interlocuteurs dignes d'elle, ni que sa beauté farouche fût comprise et sauvegardée. L'homme battu mais invincible, périodiquement couché et foulé par la meute, restera-t-il toujours le roseau d'*avant* Pascal ?

1945.

NOTE SUR LE MAQUIS

Montrer le côté hasardeux de l'entreprise, mais avec un art comme à dessein rétrospectif, dans sa nouveauté tirée de nos poitrines, dans sa vérité ou la sincère approximation de celle-ci. Ce sont les « fautes » de l'ennemi, sa consigne d'humilier avant d'exterminer, qui surtout nous favorisèrent. Sans le travail forcé en Allemagne, les persécutions, la contamination et les crimes, un petit nombre de jeunes gens seulement aurait pris le maquis et les armes. *La France de 1940 ne croyait pas, chez elle, ni à la cruauté ni à l'asservissement;* cette France livrée au râteau fantastique de Hitler par la pauvreté d'esprit des uns, la trahison très préparée des autres, la toute-puissante nocivité enfin d'intérêts adversaires. De plus, l'énigme des années 1939-1940 pesait sur son insouciance de la veille comme une chape de plomb.

Dans la rapide succession des espoirs et des déceptions, des soudains en-avant suivis de déprimantes tromperies qui ont jalonné ces quarante dernières années, on peut discerner à bon droit la marque d'une fatalité maligne, la même dont on entrevoit périodiquement l'intervention au cours des tranches excessives de l'Histoire, comme si elle avait pour mission d'interdire tout changement autre que superficiel de la condition profonde des hommes. Mais je dois chasser cette appréhension. L'année qui accourt a devant elle le champ libre...

Contrairement à l'opinion avancée, le courage du désespoir fait peu d'adeptes. Une poignée d'hommes solitaires, jusqu'en 1942, tenta d'engager de près le combat. Le merveilleux est que cette cohorte disparate composée d'enfants trop choyés et mal aguerris, d'individualistes à tous crins, d'ouvriers par tradition soulevés, de croyants généreux, de garçons ayant l'exil du sol natal en horreur, de paysans au patriotisme fort obscur, d'imaginatifs instables, d'aventuriers précoces voisinant avec les vieux chevaux de retour de la Légion étrangère, les leurrés de la guerre d'Espagne; ce conglomérat fut sur le point de devenir entre les mains d'hommes intelligents et clairvoyants un extraordinaire verger comme la France n'en avait connu que quatre ou cinq fois au cours de son existence et sur son sol. Mais quelque chose, qui était hostile, ou simplement étranger à cette espérance, survint alors et la rejeta dans le néant. Par crainte d'un mal dont les pouvoirs devaient justement s'accroître du temps mort laissé par cet abandon !

Pour élargir, jusqu'à la lumière — qui sera toujours fugitive —, la lueur sous laquelle nous nous agitons, entreprenons, souffrons et subsistons, il faut l'aborder sans préjugés, allégée d'archétypes qui subitement sans qu'on en soit averti, cessent d'avoir cours. Pour obtenir un résultat valable de quelque action que ce soit, il est nécessaire de la dépouiller de ses inquiètes apparences, des sortilèges et des légendes que l'imagination lui accorde déjà avant de l'avoir menée, de concert avec l'esprit et les circonstances, à bonne fin; de distinguer la vraie de la fausse ouverture par laquelle on va filer vers le futur. L'observer nue et la proue face au temps. L'évidence, qui n'est pas sensation mais regard que nous croisons au passage, s'offre souvent à nous, à demi dissimulée. Nous désignerons la beauté partout où elle aura une chance de survivre à l'espèce d'intérim qu'elle paraît assurer au milieu de nos soucis. Faire longuement rêver ceux qui ordinairement n'ont pas de songes, et plonger dans l'actualité ceux dans l'esprit desquels prévalent les jeux perdus du sommeil.

1944.

ROGER BERNARD

Roger Bernard naquit à Pertuis, Vaucluse, le 11 mai 1921. Il apprit le métier d'imprimeur dans l'imprimerie paternelle, mais la poésie — toute la poésie — le sollicita très jeune. Avide d'entreprendre, de se perfectionner, ce sont, adolescent, de longues veillées penché sur les livres, dans l'intimité de l'Insoumettable dont il finira par retenir la présence, d'où une fragilité prématurée des yeux qu'il avait très bleus comme passés dans un alliage de mer du Nord et de lavande. Les Chantiers de Jeunesse l'exaspèrent et l'ennuient. Il rejoint le maquis dans la vallée du Calavon, un torrent aux riverains aguerris et taciturnes. Sa jeune femme, Lucienne, partage sa condition précaire. Entre deux sabotages, il me lit ses poèmes et m'entretient de ses projets. La Section Atterrissage Parachutage à laquelle j'appartiens l'accueille. C'est durant un aller au P. C. de Céreste, chargé d'une mission de liaison, qu'il tombe aux mains des Allemands, le 22 juin 1944. Il a juste le temps de rouler et d'avaler le message dont il est porteur. Il est fusillé peu après sur la route, ayant refusé de répondre aux questions qui lui sont posées. Un mûrier et une gare démantelée sont les plus proches témoins de sa mort, avec un paysan qui a rapporté « qu'il se tenait très droit, très léger et obstinément silencieux ».

> *Puis subitement la tête mutilée*
> *contemple le sol, et l'hélianthe meurt,*
> *Et le cristal des sanglots neufs s'égrène...*

Tel est le poète que nous avons perdu.

1944.

Lucienne Bernard est morte à Pertuis au mois d'octobre 1974. Elle resta jusqu'à sa disparition, en dépit du long désastre de la maladie, l'inspirée et l'inspiratrice des poèmes de Roger. Sa tragique grandeur n'éleva jamais la voix, ne voulut pas laisser de trace dans la petite ville où, à peu près seuls, ses amis savaient qui elle était. « Ma faim noire déjà. » La faim noire déjà...

1975.

DOMINIQUE CORTI

Ceux qui pensent que l'exagération et l'outrance sont toujours de rigueur dans les comptes rendus de la vie politique des peuples ont, durant onze années, haussé les épaules quand on leur affirmait que dans le plus grand quartier de l'Europe (l'Allemagne) on s'occupait à dresser, on installait dans sa fonction un formidable abattoir humain tel que l'imagination biblique se serait montrée incapable de le concevoir pour y loger ses impérissables démons et leurs lamentables victimes. La réalité est la moins saisissable des vérités. Une sorte de vertu originelle pèse à ce point sur nous que nous accordons à l'instinct que le délire a consacré sous le nom de cruauté le bénéfice de la faute et, partant, du remords. Le bourreau ne sera qu'un passant d'exception. Rares seront ceux qui l'apercevront. À la main du diable préventivement, nous opposerons les deux doigts de Dieu... Mais LÀ-BAS ?

Là-bas triomphe une horreur qui atteint d'emblée son âge d'or par la chute calculée en poussières vivantes du corps de l'homme vivant et de sa conscience vivante. L'infaillible nouvelle nature d'une race de monstres a pris sa place parmi les mortels. Plus contagieuse que l'inondation, *la chose* court le monde, reconnaissant et annexant les siens. Cependant au cœur de notre brouillard, aussi peu discernable que les feux follets de la mousse, une poignée de jeunes êtres part à l'assaut de l'impossible.

Dominique Corti est né à Paris, le 13 janvier 1925. Discrètement ce jeune homme, cet enfant, va atteindre l'âge d'homme avec déjà autour de lui cette fugue de lumière propre à ceux dont la mission — qui prête à sourire — est d' « indiquer le chemin ». Il ose ce qu'il veut, il sent ce qu'il doit faire.

À dix-neuf ans, il agit. Il habite Paris, où le risque est le même au soleil que dans l'ombre. Dominique Corti, qui a traduit *Le Château d'Otrante* de Walpole, qui a écrit, en anglais, un texte étonnant : *La Littérature terrifiante en Angleterre, de Horace Walpole à Ann Radcliffe,* se détourne de la réussite littéraire et fixe les yeux de l'occupant auquel il va porter ses coups. Il adhère au réseau « Marco-Polo » et dès lors son destin est tracé. Son intelligence, son audace, son intuition militaire le font distinguer. Le 2 mai 1944, il est arrêté. Son père José Corti, et son admirable mère ne pourront désormais que tendre leurs mains vers la nuit où leur fils est enfermé. Fresnes, du 2 mai au 15 août 1944. Puis Buchenwald, Ellrich... le dernier train de déportés parti de France a emporté dans ses wagons l'un des meilleurs fils du vieux pays disloqué...

Dominique Corti, toi sur qui l'avenir comptait tant, tu n'as pas craint de mettre le feu à ta vie... Nous errerons longtemps autour de ton exemple. Il faut revenir. « J'adresse mon salut à tous les hommes libres », t'es-tu écrié. Il faut revenir. Tout est à recommencer.

1946.

LA LIBERTÉ PASSE EN TROMBE*

Quel étrange sentiment que celui de se pencher sur une époque révolue, comme engloutie déjà de tout son poids de diamant, alors que nous ne touchons pas encore à la fin du jour dont elle fut le matin !

Deux années de clarté incertaine, de formes difficiles à fixer faisant suite à un espoir qui ne connut jamais, je crois, d'équivalent dans le long cheminement de la volonté et du courage des hommes, s'estompent dans notre dos en même temps que méritent d'être précisées les tâches de demain. Le haut rideau d'épines derrière lequel nous fûmes des acteurs à la langue coupée, acteurs sans identité définie, sans mérite particulier sinon celui de mourir parfois comme ne meurent pas les malfaiteurs, et sans autre preuve tangible de la vie que celle de ce sang répandu qui s'étirait vers l'avenir, ce haut rideau s'est abattu, voici deux ans, touché par la foudre de la Libération. C'est alors que les soldats interdits se sont comptés : il est apparu, sans démesure, que leur nombre était celui d'une nation rassemblée !

Mes camarades des Forces Françaises de l'Intérieur, des Forces Françaises Combattantes, je ne vous parle pas ce soir sous les arbres propices d'une forêt, ou à l'angle d'une rue empoisonnée par la présence de l'ennemi, ou encore au-dessus du chiffre vrillant d'un code. Nous avons certainement parcouru du chemin depuis et notre route comptera encore plus d'un tournant, notre route de rochers noirs et de fontaines abruptes.

La vraie fraternité commande une extrême discrétion. Aucun fardeau ne se soulève sans l'aide du cœur.

Nous avons appris entre-temps à nous méfier de nos nerfs, à nous entendre avec nos douleurs, à nous sup-

* Texte lu à la Radiodiffusion française le 15 août 1946. Si nous le reproduisons ici, c'est en partie à cause de la candeur qui s'y mêle et le date. Pour une fois, elle ne nous apparaît pas comme un défaut à éviter.

porter, à nous épauler, enfin à nous estimer un peu les uns les autres. La singularité de notre condition n'a eu d'égal que le climat dans lequel nous avons grandi.

Vous m'en voudriez, et vous auriez raison de m'en vouloir si je réclamais pour vous quelque gratitude, quelque considération eu égard à la longueur du cauchemar et des actions qui en ont précipité le dénouement. Mais qu'on ne nous prête pas, qu'on ne nous pare pas des défauts qui seraient issus d'une déformation « professionnelle » de l'habitude des ténèbres, si je puis dire. Nous aimions, nous aimons bien le bon soleil, le soleil non pervers, et justement nous l'avons affectionné et défendu face à ceux qui voulaient en faire l'auxiliaire de leur tyrannie diffuse.

Des mots échangés tout bas au lendemain de 1940 s'enfouissaient dans la terre patiente et fertile de la révolte contre l'oppresseur et devenaient progressivement des hommes debout... Miracle de la conscience, de cette sensation de l'évidence qui, selon Claude Bernard, a nom vérité. Vous saviez clairement que l'arbre donnerait son fruit, et vous aviez confiance en ceux qui poussaient en peinant à sa maturité, camarades dont vous ne verriez peut-être jamais surgir devant vous le visage fraternel parce qu'à cet instant vous seriez morts.

J'aimerais que ceux que les circonstances ont empêchés d'être à vos côtés chaque heure de votre peine et de votre solitude, en refassent furtivement par le cœur et par la pensée le trajet, trajet dont on ne savait pas alors, tant les mots s'étaient compromis, s'il était vertigineux ou pitoyable. Certainement mon souhait a perdu aujourd'hui son sens. Ils connaissent le prix de ces deux mots : rendre justice*.

Mais, s'il vous plaît, qu'à tous ces bras avides de construire des images de bon vouloir on ne tende pas que des fantômes...

---

* Comment le connaîtraient-ils ? À peine la vague en fureur reposée, les murènes accourent, la baleine blanche s'éloigne, la foi commune se défait... Mais restent la vertu de l'action consommée, la parenté fulgurante de quelques hommes, et ce baume de l'essor que rien n'altère (1948).

OUTRAGES

Nous avions peine à croire qu'un clairon de Saint-Cyr fût changé en clavecin de Diderot, un général de tombola en Ganymède, même aux yeux de témoins visionnaires. C'était compter sans les recettes, dispensées par le guide-âne, à qui prépare les grands ressentiments.

Pour un être de mépris toutes les sources sont polluées et à charge, encore que leurs abords soient propices à son jeu.

L'obéissance inconditionnelle exclut la vérité naturelle puisque nos pas successifs n'y sont point indiqués. L'illustration et la méthode sont ici sœurs incestueuses.

L'univers de la matière est plus mensonger que le monde des dieux. Il est loisible de le modifier et de le retourner.

Comme un mal qui se multiplie on distingue sur les mains d'hommes qui s'éclairent au progrès, à la fois la tache du fossoyeur et la morve de l'accoucheur.

L'Art ignore l'Histoire mais se sert de sa terreur. Les événements de notre existence, le banditisme des sociétés, font l'amas de gravier de décombres et de fer qui assure ses fondations.

Je vais parler et je sais dire, mais quel est l'écho hostile qui m'interrompt ?

Alger 1944, Paris 1967.

À l'intérieur du noyau de l'atome, dauphin appelé à la monarchie absolue, j'aperçois, en promesse, des tyrannies non moins perverses que celles qui dévastèrent à plusieurs reprises le monde, des églises dont la charité n'est qu'un coquillage, qu'une algue sur les bancs agités de la mer. Je distingue des êtres dont la détresse n'est pas même atténuée par la nuit conciliante, et des génies qui défient le malheur et l'injustice.

Ce qui suscita notre révolte, notre horreur, se trouve à nouveau là, réparti, intact et subordonné, prêt à l'attaque, à la mort. Seule la forme de la riposte restera à découvrir ainsi que les motifs lumineux qui la vêtiront de couleurs impulsives.

Vie aimée, voici que le puissant temps revenu se penche sur toi, satisfait sa fièvre, et, prodigue de désir, donne le tranchant.

1951.

TROIS RESPIRATIONS

Il existe un printemps inouï éparpillé parmi les saisons et jusque sous les aisselles de la mort. Devenons sa chaleur : nous porterons ses yeux.

La parole soulève plus de terre que le fossoyeur ne le peut.

Nous ne serons jamais assez attentifs aux attitudes, à la cruauté, aux convulsions, aux inventions, aux blessures, à la beauté, aux jeux de cet enfant vivant près de nous avec ses trois mains, et qui se nomme le présent.

Bandeaux

BANDEAU DE « FUREUR ET MYSTÈRE »

Le poëte, on le sait, mêle le manque et l'excès, le but et le passé. D'où l'insolvabilité de son poëme. Il est dans la malédiction, c'est-à-dire qu'il assume de perpétuels et renaissants périls, autant qu'il refuse, les yeux ouverts, ce que d'autres acceptent, les yeux fermés : le profit d'être poëte. Il ne saurait exister de poëte sans appréhension pas plus qu'il n'existe de poèmes sans provocation. Le poëte passe par tous les degrés solitaires d'une gloire collective dont il est, de bonne guerre, exclu. C'est la condition pour sentir et dire juste. Quand il parvient génialement à l'incandescence et à l'inaltéré (Eschyle, Lao-Tseu, les présocratiques grecs, Thérèse d'Avila, Shakespeare, Saint-Just, Rimbaud, Hölderlin, Nietzsche, Van Gogh, Melville), il obtient le résultat que l'on connaît. Il ajoute de la noblesse à son cas lorsqu'il est hésitant dans son diagnostic et le traitement des maux de l'homme de son temps, lorsqu'il formule des réserves sur la meilleure façon d'appliquer la connaissance et la justice dans le labyrinthe du politique et du social. Il doit accepter le risque que sa lucidité soit jugée dangereuse. Le poëte est la partie de l'homme réfractaire aux projets calculés. Il peut être appelé à payer n'importe quel prix ce privilège ou ce boulet. Il doit savoir que le mal vient toujours de plus loin qu'on ne croit, et ne meurt pas forcément sur la barricade qu'on lui a choisie.

Fureur et mystère est, les temps le veulent, un recueil de poèmes, et, sur la vague du drame et du revers inéluctable d'où resurgit la tentation, un dire de notre affection ténue pour le nuage et pour l'oiseau.

1948.

33

BANDEAUX DE « CLAIRE »

I

Jeune fille, salut ! Si l'on s'avisait de te dire, un jour,
à l'oreille, que Claire, la rivière, ta confidente, le miroir
de ton regard triste ou heureux, a cessé d'exister, n'en
crois rien. Que cette alerte te soit plutôt un prétexte pour
te rendre une nouvelle fois auprès d'elle, et recevoir son
effusion. Au retour, ne sois pas pressée de quitter les
champs qu'elle irrigue. Entre dans chaque maison où
sa présence se laisse percevoir. Flâne en marchant, ici
c'est possible. Ou tiens-toi un moment sous l'arbre le
plus vert, à proximité des roseaux. Bientôt, tu ne seras
plus seule : une Claire bien vivante, jeune, passionnée,
active, s'avancera et liera conversation avec toi. Telle est
la rivière que je raconte. Elle est faite de beaucoup de
Claires. Elles aiment, rêvent, attendent, souffrent, ques-
tionnent, espèrent, travaillent. Elles sont belles ou pâles,
les deux souvent, solidaires du destin de chacun ; avides
de vivre.

En touchant ta main, jeune fille, je sens la douce fièvre
de l'eau qui monte. Elle m'effleure, me serre en s'en-
fuyant, et chasse mes fantômes.

II

L'aube, chaque jour, nous éveille avec une question
insignifiante qui sonne parfois comme une boutade
lugubre. Ainsi ce matin : « Trouveras-tu aujourd'hui
quelqu'un à qui parler, aux côtés de qui te refraîchir ? »
Le monde contemporain nous a déjà retiré le dialogue,
la liberté et l'espérance, les jeux et le bonheur ; il s'ap-

prête à descendre au centre même de notre vie pour éteindre le dernier foyer, celui de la Rencontre... Ici il va falloir triompher ou mourir, se faire casser la tête ou garder sa fierté.

Nous jouons contre l'hostilité contemporaine la carte de CLAIRE. Et si nous la perdons, nous jouerons encore la carte de CLAIRE. Nos atouts sont perpétuels, comme l'orage et comme le baiser, comme les fontaines et les blessures qu'on y lave.

1949.

BANDEAU DES « MATINAUX »

Premiers levés qui ferez glisser de votre bouche le bâillon d'une inquisition insensée — qualifiée de connaissance — et d'une sensibilité exténuée, illustration de notre temps, qui occuperez tout le terrain au profit de la seule vérité poétique constamment aux prises, elle, avec l'imposture, et indéfiniment révolutionnaire, à vous.

1950.

BANDEAU DE « LETTERA AMOROSA »

Amants qui n'êtes qu'à vous-mêmes, aux rues, aux bois et à la poésie; couple aux prises avec tout le risque, dans l'absence, dans le retour, mais aussi dans le temps brutal; dans ce poème il n'est question que de vous.

1953.

BANDEAU DE « RETOUR AMONT »

Nous nous sentons complètement détachés d'Icare qui se voulut oiseau et de Léonard qui le poussa à l'être, bien que le second, avec un génie qui nous laissa de meilleures visions, naquit longtemps après que le premier fut revenu en purée de l'air du ciel. Nous resterons, pour vivre et mourir, avec les loups, filialement, sur cette terre formicante. Ainsi nous désobéirons gaiement à l'inconscient prémoniteur qui nous incite, en nous vêtant d'oripeaux, à fuir cette rondeur trop éclairée qu'un cancer mortifie de ses mains savantes. Nous y sommes : malheureux et heureux, détruits et destructeurs, voraces de son allant, de ses épreuves, de ses éclats, de ses hasards, de sa parole et de son sol. La main de l'esprit est trop lasse, les rapports sont hypnotiques, et l'évasion est monotone.

Retour Amont ne signifie pas retour aux sources. Il s'en faut. Mais saillie, retour aux aliments non différés de la source, et à son œil, amont, c'est-à-dire au pire lieu déshérité qui soit. La conclusion, nous la demanderons à Georges Bataille : « Cette fuite se dirigeant vers le sommet (qu'est, dominant les empires eux-mêmes, la composition du savoir) n'est que l'un des parcours du labyrinthe. Mais ce parcours qu'il nous faut suivre de leurre en leurre, à la recherche de l'être, nous ne pouvons l'éviter d'aucune façon. »

1966.

BANDEAU DE
« FENÊTRES DORMANTES
ET PORTE SUR LE TOIT »

Les premières rencontres de cet ouvrage suivent le rythme de ces « ruisseaux prodigues qui poussent leurs eaux dans des terres de plus en plus accablées » : *Faire du chemin avec* tente de rétablir l'espoir comme l'acte de s'orienter d'instinct dans le visible et dans l'opaque. Puis des compagnons de vindicte au beau visage averti, des peintres, des passantes chanceuses, aussi des inconnus aux mains glissantes d'ébauches délaissées, montrent diversement habitable notre monde tragique ou burlesque mais qui recherche l'art. Compagnie aiguisante, parfois déambulation effacée, et partout l'inimitié des nations, des individus, des choses et des événements qui mènent au lieu extrême d'où la voix s'élèvera : « Au terme du tourbillon des marches, la porte n'a pas de verrou de sûreté : c'est le toit. Je suis pour ma joie au cœur de cette chose, ma douleur n'a plus d'emploi. » *Tous partis !* assemble pierre sur pierre la réalité utilisée à d'autres fins, tels les gradins taillés du théâtre d'Épidaure. *Effilage du sac de jute,* en dernier, est le chant indivisible, exposé à la juste hauteur, celle de l'érable à l'ouïe si fine.

3 juin 1979.

À LA QUESTION :
« POURQUOI NE CROYEZ-VOUS PAS EN DIEU ? »

Si par extraordinaire, la mort ne mettait pas le point final à tout, c'est probablement devant autre chose que ce Dieu* inventé par les hommes, à leur mesure, et ajusté (plutôt mal que bien) à leurs contradictions, que nous nous trouverions. Songer à un carré de linge blanc, avec un rayon de soleil qui tombe dessus, est une nostalgie d'enfant.

Y A-T-IL DES INCOMPATIBILITÉS ?

Nous vous informons sur un sujet que les convulsions de l'époque mettent au premier rang :

Y a-t-il des incompatibilités ?

Bien qu'il paraisse vain de poser aujourd'hui semblable question, les ressources de la dialectique, si on juge sur les résultats connus, permettant de répondre favorablement à *tout,* mais favorablement ne signifie pas *véritablement,* nous proposons que soit examinée avec attention la question moderne des incompatibilités, *moderne* parce que agissante sur les conditions d'existence de notre Temps, on en conviendra, à la fois louche et

---

* Je n'écarte pas d'un leste revers de main l'effarant prodige que constitue la possibilité de vivre, la faculté d'agir, d'aimer, d'atteindre ou d'échouer au sein d'une gerbe d'écumes, d'être des années durant cet homme mortel doué d'un esprit libérateur ou crucifiant. Mieux vaut, certes, conserver son incertitude et son trouble, que d'essayer de se convaincre et de se rassurer en persécutant autrui.

effervescent. On affirme que certaines fonctions de la conscience, certaines activités contradictoires, peuvent être réunies et tenues par le même individu sans nuire à la vérité pratique et saine que les collectivités humaines s'efforcent d'atteindre. C'est possible mais ce n'est pas sûr. Le politique, l'économique, le social, et quelle morale ?

Du moment que des plaintes, des revendications légitimes s'élèvent, des luttes s'engagent et des remèdes sont formulés, ne pensez-vous pas que si le monde actuel doit retrouver une très relative harmonie, sa diversité brasillante, il le devra en partie au fait que pourra être résolu ou tout au moins posé sérieusement le problème des incompatibilités, problème non négligeable, problème de base, comme à plaisir escamoté ?

Il y a dans tout être, on le sait, deux gouttes d'Ariel, une goutte de Caliban, plus une parcelle d'un amorphe inconnu susceptible de devenir diamant si Ariel persévère, ou, si Ariel démissionne, maladie des mouches.

Nous laissons à ceux qui voudront bien nous répondre, le soin de préciser le bien-fondé ou non de notre question et sa table d'orientation.

Questionnaire maladroit et peu clair, objectera-t-on. Mais c'est de vous, adversaires ou sympathisants, que questionnaire et réponses attendent un jet de lumière ou tout au moins de franchise.

Revue Empédocle, *1950.*

LA LETTRE HORS COMMERCE

Mon cher André*,

Je te remercie de m'avoir adressé tes projets d'Exposition. J'ai lu longuement les réalisations que tu te proposes. Je te souhaite d'atteindre profondément le but, à la fois « aube et crépuscule de tous les instants » que seul tu es à même de promouvoir, avec Duchamp, ce distillateur des Écritures, à tes côtés.

Où en suis-je aujourd'hui ? Je ne sais au juste. J'ai de la difficulté à me reconnaître sur le fil des évidences dont je suis l'interné et le témoin, l'écuyer et le cheval. Ce n'est pas moi qui ai simplifié les choses, mais les choses horribles m'ont rendu simple, plus apte à faire confiance à certains, au fond desquels subsistent, tenaces, les feux mourants de la recherche et de la dignité humaine (cette dignité si mal réalisable dans l'action, et dans cet état hybride qui lui succède) ailleurs déjà anéantis et balayés, méprisés et niés. La permission de disposer, accordée à l'homme, ne peut être qu'infinie, bien que notre liberté se passe à l'intérieur de quelque chose dont la surface n'est pas libre, de quelque chose qui est conditionné. Pourvu que l'exigence majeure, la permanence souveraine ne soit pas menacée de destruction et de bannissement, comme ce fut le cas, par les religions (à un degré moindre) puis par l'hitlérisme (jusqu'à la frénésie), demain peut-être par le brûlot policier du communisme, je ne condamne pas une vraie controverse attentive. Mais gardons-nous du sentimentalisme politique autant que de son grossier contraire. C'est te dire que si certains prodiges ont cessé de compter pour moi, je n'en défends pas moins, de toute mon énergie, le droit de s'affirmer prodigieux. Je ne serai jamais assez loin, assez perdu dans mon indépendance ou son illusion, pour avoir le cœur de ne plus aimer les fortes têtes déso-

* À André Breton.

béissantes qui descendent au fond du cratère, sans se soucier des appels du bord. Ma part la plus active est devenue... l'absence. Je ne suis plus guère présent que par l'amour, l'insoumission, et le grand toit de la mémoire. Nulle littérature dans cet aveu. Nulle ambiguïté. Nul dandysme. Peux-tu sentir cela ? La transvaluation est accomplie. L'agneau « mystique » est un renard, le renard un sanglier et le sanglier cet enfant à sa marelle. Ce juron, quand je parle de l'espoir, c'est un bien que je ne possède plus, mais il me plaît qu'il existe chez d'autres. De l'événement à sa relation, quel pas ! N'ayant rien à contempler (cela m'ennuie), je me tends et me détends dans l'encoignure des braises. Si j'ai tant de respect pour la vulnérabilité et la faiblesse, l'anxiété et l'angoisse, c'est parce que les premières n'ont pas de pouvoir sur moi, dans la mesure où les secondes m'ont formé et m'ont nourri.

Je ne peux pas aimer deux fois le même objet. Je suis pour l'hétérogénéité la plus étendue. Que l'homme se débrouille avec les nombres que les dés lui ont consentis. Du moment qu'un élan les lui a donnés, pour peu qu'il interroge et se risque, un élan les lui reprendra ; et lui, sans doute, avec, sera repris, donc augmenté. Le vrai secours vient dans le vague.

Tu peux faire figurer à cette Exposition « qui je fus » en 1930-1934. Je puis dire en quelques lignes, si tu le désires, mon affection durable pour ce grand moment de ma vie qui ne connut jamais d'adieu, seulement les mutations conformes à notre nature et au temps. Rien de banal entre nous. Nous avons su et saurons toujours nous retrouver côte à côte, à la seconde excessive de l'essentiel. Notre particularité consiste à n'être indésirables qu'en fonction de notre refus de signer le dernier feuillet, celui de l'apaisement. Celui-ci s'arrache — ou nous est enlevé.

1947.

LE MARIAGE D'UN ESPRIT DE VINGT ANS...

Cher Monsieur*,

Le mariage d'un esprit de vingt ans avec un violent fantôme, décevant comme nous sommes, nous-mêmes, décevants, ne peut être que le fait d'une révolte naturelle qui se transporte sur un miroir collectif, ou plutôt sur un feu compagnon qu'un rapide divorce des parties bientôt éteindra. Parce que ce que nous cherchions n'était pas découvrable à plusieurs, parce que la vie de l'esprit, la vie unifilaire, contrairement à celle du cœur, n'est fascinée, dans la tentation de la poésie, que par un objet souverain inapprochable qui vole en éclats lorsque, distance franchie, nous sommes sur le point de la toucher. À la lisière du concret, cela donne un style d'existence sans pareil. La marche dans l'obscurité qui nous environne se fait banalement par éclairs, à plat et sans échelons. Si les éclairs sont tous de même nature, du moins ce qu'ils nous montrent est chaque fois dans le halo, sur la rétine, différent; et la détresse, l'hostilité, en même temps que la merveille, y règnent, disons-le, inexplicablement. Je porte en compte beaucoup trop. Une œuvre intègre dans son principe, un vaste ouvrage (je songe au surréalisme), comme une pierre, comme un arbre, comme un homme, indépendamment de son volume et de son énergie, de sa *fides* révolutionnaire, est parsemée de défauts, de petitesses et de disgrâces. Nous partageons tous cette responsabilité. Et la vérité, il ne faut pas craindre de se répéter, est personnelle, stupéfiante et personnelle. Le surréalisme a accompli son voyage; l'Histoire lui a aménagé des gares et des aéroports, en attendant d'en trier dans une bibliothèque routinière les beautés et les poussières, ce qui demeurera son enfantillage, mais aussi son faste et ses justes imprécations. Que notre jeunesse n'ait pas pensé à cela, elle a eu

* Lettre à Henri Peyre, Yale University.

bien raison. Ce n'est pas à moi qu'il appartient d'examiner contradictoirement le surréalisme dans ses effets, les détestables et les autres. Une source devenant ruisseau, inondant des terres, salissant les murs, n'est point *autive*. L'homme, n'est-ce pas, n'est qu'un excès de matière solaire, avec une ombre de libre arbitre comme dard. Sur un cratère d'horreurs et sous la nuit imbécile s'épanouit soudain, au niveau de ses narines et de ses yeux, la fleur réfractaire, la nova écumante, dont le pollen va se mêler, un pur moment, à son esprit auquel ne suffisaient pas l'intelligence terrestre argutieuse et les usages du ciel.

1963.

PAYS COUVERT

Lieux dangereux ou sans nom, sapes loin du jour naturel, je viens confondu avec tous, libre de ma préférence, sans compagnon derrière moi qui m'attende.

Une communication ?

MADELEINE QUI VEILLAIT

J'ai dîné chez mon ami le peintre Jean Villeri. Il est plus de onze heures. Le métro me ramène à mon domicile. Je change de rame à la station Trocadéro. Alourdi par une fatigue agréable, j'écoute distraitement résonner mon pas dans le couloir des correspondances. Soudain une jeune femme, qui vient en sens inverse, m'aborde après m'avoir, je crois, longuement dévisagé. Elle m'adresse une demande pour le moins inattendue : « Vous n'auriez pas une feuille de papier à lettres, monsieur ? » Sur ma réponse négative et sans doute devant mon air amusé, elle ajoute : « Cela vous paraît drôle ? » Je réponds non, certes, ce propos ou un autre... Elle prononce avec une nuance de regret : « Pourtant ! » Sa maigreur, sa pâleur et l'éclat de ses yeux sont extrêmes. Elle marche avec cette aisance des mauvais métiers qui est aussi la mienne. Je cherche en vain à cette silhouette fâcheuse quelque beauté. Il est certain que l'ovale du visage, le front, le regard surtout doivent retenir l'attention, troubler. Mais de là à s'enquérir ! Je ne songe qu'à fausser compagnie. Je suis arrivé devant la rame de Saint-Cloud et je monte rapidement. Elle s'élance derrière moi. Je fais quelques pas dans le wagon pour m'éloigner et rompre. Sans résultat. À Michel-Ange-Molitor je m'empresse de descendre. Mais le léger pas me poursuit et me rattrape. Le timbre de la voix s'est modifié. Un ton de prière sans humilité. En quelques mots paisibles je précise que les choses doivent en rester là. Elle dit alors : « Vous ne comprenez pas, oh non ! Ce n'est pas ce que vous croyez. » L'air de la nuit que nous atteignons donne de la grâce à son effronterie : « Me voyez-vous dans les couloirs déserts d'une station, que les gens sont pressés de quitter, proposer la galante aventure ? — Où habitez-vous ? — Très loin d'ici. Vous ne connaissez pas. » Le souvenir de la quête des énigmes, au temps de ma découverte de la vie et de la poésie, me revient à l'esprit. Je le chasse, agacé. « Je ne suis pas tenté par l'impossible comme autrefois (je mens). J'ai trop vu souffrir... (quelle indécence !) » Et sa réponse : « Croire à nouveau ne fait pas qu'il y aura davantage de souffrance. Restez accueillant. Vous ne vous verrez pas mourir. » Elle sourit : « Comme la nuit est humide ! » Je la sens ainsi. La rue Boileau, d'habitude provinciale et rassurante, est blanche de gelée, mais je cherche en vain la trace des étoiles dans le ciel. J'observe de biais la jeune femme : « Comment vous appelez-vous, mon petit ? — Madeleine. » À vrai dire, son nom ne m'a pas surpris. J'ai terminé dans l'après-midi *Madeleine à la veilleuse,* inspiré par le tableau de Georges de La Tour dont l'interrogation est si actuelle. Ce poème m'a coûté.

Comment ne pas entrevoir, dans cette passante opiniâtre, sa vérification ? À deux reprises déjà, pour d'autres particulièrement coûteux poèmes, la même aventure m'advint. Je n'ai nulle difficulté à m'en convaincre. L'accès d'une couche profonde d'émotion et de vision est propice au surgissement du grand réel. On ne l'atteint pas sans quelque remerciement de l'oracle. Je ne pense pas qu'il soit absurde de l'affirmer. Je ne suis pas le seul à qui ces rares preuves sont parfois foncièrement accordées. « Madeleine, vous avez été très bonne et très patiente. Allons ensemble, encore, voulez-vous ? » Nous marchons dans une intelligence d'ombres parfaite. J'ai pris le bras de la jeune femme et j'éprouve ces similitudes que la sensation de la maigreur éveille. Elles disparaissent presque aussitôt, ne laissant place qu'à l'intense solitude et à la complète faveur à la fois, que je ressentis quand j'eus mis le point final à l'écriture de mon poème. Il est minuit et demi. Avenue de Versailles, la lumière du métro Javel, pâle, monte de terre. « Je vous dis adieu, ici. » J'hésite, mais le frêle corps se libère. « Embrassez-moi, que je parte heureuse... » Je prends sa tête dans mes mains et la baise aux yeux et sur les cheveux. Madeleine s'en va, s'efface au bas des marches de l'escalier du métro dont les portes de fer vont être bientôt tirées et sont déjà prêtes.

Je jure que tout ceci est vrai et m'est arrivé, n'étant pas sans amour, comme j'en fais le récit, cette nuit de janvier.

La réalité noble ne se dérobe pas à qui la rencontre pour l'estimer et non pour l'insulter ou la faire prisonnière. Là est l'unique condition que nous ne sommes pas toujours assez purs pour remplir.

1948.

JEANNE QU'ON BRÛLA VERTE

La sainteté proprement dite de Jeanne d'Arc ? N'étant pas théologien ni croyant, je passe à côté. Mais j'aurais bataillé avec cette jeune fille, près d'elle, pour elle, car, en son temps, son action insurgée et mystique était totalement justifiée. Je songe parfois à son physique. (Les témoignages du procès de réhabilitation la présentent sensiblement différente de la description que j'en donne.) Taille en rectangle vertical comme une planche de noyer. Les bras longs et vigoureux. Des mains romanes tardives. Pas de fesses. Elles se sont cantonnées dès la première décision de guerroyer. Le visage était le contraire d'ingrat. Un ascendant émotionnel extraordinaire. Un vivant mystère humanisé. Pas de seins. La poitrine les a vaincus. Deux bouts durs seulement. Le ventre haut et plat. Un dos comme un tronc de pommier, lisse et bien dessiné, plus nerveux que musclé, mais dur comme la corne d'un bélier. Ses pieds ! Après avoir flâné au pas d'un troupeau bien nourri, nous les regardons s'élever soudain, battre des talons les flancs de chevaux de combat, bousculer l'ennemi, tracer l'emplacement nomade du bivouac, enfin souffrir de tous les maux dont souffre l'âme mise au cachot puis au supplice.

Voici ce que ça donne en trait de *terre* : « Verte terre de Lorraine. — Terre obstinée des batailles et des sièges. — Terre sacrée de Reims. — Terre fade, épouvantable du cachot. — Terre des immondes. — Terre vue *en bas* sous le bois du bûcher. — Terre flammée. — Terre peut-être toute bleue dans le regard horrifié. — Cendres. »

1956.

☆

Nous resterons attachés, en dépit des doutes et des interdits, à cette illusion parfilée de gaieté et de larmes, que tant d'intérêts et tant d'amour réellement recouvrent. Sans cesse déchue et réintégrée, parmi les promesses que nous nous soufflons et nous jetons à l'oreille, rien jusqu'ici n'a pu en faire plier la suprématie. Elle se tient devant nos investigations comme un sphinx qui tantôt sourirait pour la première fois et tantôt nous semblerait hors d'usage. Qui sait ? Parce que sa durée ne court pas seulement entre le bref bonheur de nos parents et notre poussière lointaine ; parce qu'elle est inscrite en filigrane dans le jour en même temps que dans nos yeux.

1952.

PARIS SANS ISSUE

Rue de Sèvres,
Une porte cochère avant le magasin *Le Tournis,*
Midi, et l'été
Sur l'asphalte suspend tous les élans.
Une jeune femme,
La ligne d'ombre de sa jupe nue
Est complice de son corps charmant,
Poursuit un rêve éveillé,
Assise à même la pierre du seuil.
Je la nomme
Liseuse aux douze pavots blancs,
Méridienne,
Encore qu'elle garde les yeux grands ouverts
Et les doigts symétriques.
En feuilletant son livre absent,
Elle demeure, je la perds,

Sans délai, à la rue suivante,
Syllabe d'écho, amante courable.

1966.

47

SANS GRAND'PEINE

Paris. 2 heures du matin.

Tentative de cambriolage dans l'immeuble. (Cet événement se répète assez souvent.) Je suis tiré du sommeil par la chute, au pied de mon lit, d'une cire de Victor Brauner dont la vitre et le cadre se brisent en touchant le sol. Peu de rapport sinon celui de cause à effet avec les deux messieurs qui travaillent à côté sur le palier et décrochent de leur mur les lourds portraits d'ancêtres du propriétaire absent, messieurs dont j'identifie rapidement la fugace profession. Je n'ai aucune difficulté à les effrayer en enflant la voix, à travers la porte, puis, en tête à tête, à les convaincre du peu de prix de leur butin, les rois d'Arabie s'étant, à la faveur du pétrole universel, cultivés. Les jeunes gens filent, redevenus timides; l'escalier de bois résonne sous leur pas pressé. Les ennuis commencent avec le bruit de cette scène perçu par les locataires. L'un d'eux a téléphoné à police-secours. Chaude animation. Mais de voleurs point.

10 heures du matin.

Sur la terrasse de mon appartement, ouvrant la porte-fenêtre, j'aperçois un billet neuf de dix francs. La concierge, à qui je le remets, se montre étonnée, comme si cet argent était tombé du ciel! Cela est sans relation avec l'affaire de la nuit.

11 heures.

Le docteur Marcel Zara, avec qui j'avais rendez-vous, me fait la courte narration d'un cambriolage qui, à la même heure, se produisait dans sa maison. L'auteur arrêté est une jolie fille. Arrêtée par sa faute : après avoir fracturé et vidé le coffre, elle s'était mise au piano, s'était attardée à jouer une mélodie de Moussorgski. Ce qui l'avait perdue. Alors seulement je raconte mon histoire. Devises de vieux cambrioleurs : « Tant me gêne! », « Je me lie, mais ne me mêle. »

Sorti pour jeter quelques lettres à la boîte du bureau des Postes de la rue de Grenelle. Retour par le boulevard des Invalides. Une femme d'une quarantaine d'années, vêtue trop chaudement à la russe, me dépasse, car je flâne, se retourne, me dévisage, et m'adresse la parole : « Où dois-je me rendre ? Rue des Grands-Degrés ou au musée Rodin ? C'est pas marrant la rue des Grands-Degrés. » Ce langage familier m'a surpris, elle n'est point vulgaire. « Allez au musée Rodin, lui dis-je. Vous y verrez ce qui vous intéresse et vous y serez bien. — Oui. Mais l'as de pique est sur moi. C'est mauvais. » La sublime anesthésie est immédiate et sa parole impérieuse : « Entrez au musée Rodin. Prenez à gauche, Devant la sculpture des *Bourgeois de Calais,* une mélodie vous attend. C'est devant ce groupe des otages que l'as de trèfle couvrira votre as de pique. » Je m'entends lui parler. Mais qui parle ? Simplement ma folie artésienne, elle, à tous les usages adaptée.

19 mars 1972.

APRÈS

. . . .
La laideur ! Ce contre quoi nous appelons n'est pas la laideur opposable à la beauté, dont les arts et le désir effacent et retracent continuellement la frontière. Laideur vivante, beauté, toutes deux les énigmatiques, sont réellement ineffables. Celle qui nous occupe, c'est la laideur qui décompose sa proie. Elle a surgi — plus délétère, croyons-nous, que par le passé où on l'entrevit quelquefois — des flaques, et des moisissures que le flot grossi des chimères, des cauchemars comme des vraies conquêtes de notre siècle, a laissées en se retirant.

Alors, quel aliment ?

La liberté n'est pas ce qu'on nous montre sous ce nom. Quand l'imagination, ni sotte, ni vile n'a, la nuit tombée, qu'une parodie de fête devant elle, la liberté n'est pas de lui jeter n'importe quoi pour tout infecter. La liberté protège le silence, la parole et l'amour. Assombris, elle les ravive; elle ne les macule pas. Et la révolte la ressuscite à l'aurore, si longue soit celle-ci à s'accuser. La liberté, c'est de dire la vérité, avec des précautions terribles, sur la route où TOUT se trouve.

1958.

Béant comme un volcan et frileux comme lui dans ses moments éteints.

II. ALLIÉS SUBSTANTIELS

EN VUE DE GEORGES BRAQUE

*Laissons-lui la tranquillité et la nature là où il se fixe, tra-
vaille. Nous verrons, à moins d'accident en l'observant, qu'il
en va pour ce saisonnier comme pour le platane, comme pour
le serpent. Il y aurait bien d'autres modèles à proposer, mais
l'écorce tombée est ici immédiatement ressaisie et traitée, la peau
légère et vide se remplit du pommelé d'un ovipare nouveau.
Peintre, il ne produit qu'à partir d'un motif temporel ; sa façon
d'appeler l'inexplicable donne la survie à ce cristal spirite :
l'Art.*

I

GEORGES BRAQUE

Les enfants et les génies savent qu'il n'existe pas de
pont, seulement l'eau qui se laisse traverser. Aussi chez
Braque la source est-elle inséparable du rocher, le fruit
du sol, le nuage de son destin, invisiblement et souve-
rainement. Le va-et-vient incessant de la solitude à
l'être et de l'être à la solitude fonde sous nos yeux le plus
grand cœur qui soit. Braque pense que nous avons besoin
de trop de choses pour nous satisfaire d'*une* chose, par
conséquent il faut assurer, à tout prix, la continuité de
la création, même si nous ne devons jamais en bénéficier.
Dans notre monde concret de résurrection et d'angoisse

de non-résurrection, Braque assume le perpétuel. Il n'a pas l'appréhension des quêtes futures bien qu'ayant le souci des formes à naître. Il leur placera toujours un homme dedans !

Œuvre terrestre comme aucune autre et pourtant combien harcelée du frisson des alchimies !

Au terme du laconisme...

1947.

2

SOUS LA VERRIÈRE

LE PEINTRE : Prenez la chaise de jardin, vous serez agréablement assis. Je fais entrer quelque lumière dans l'atelier. Le temps de jeter de l'eau sur les couleurs. Tâtez de cette orange au bord de son assiette. Elle n'est pas seulement là pour se lisser les flancs. Portez-lui joie. Quoi de neuf ?

LE POÈTE : Vos moindres actions ont une saveur familière. Et les choses que vous acclimatez conservent l'attitude de leur vérité, même si celle-ci n'importe plus ! Comment faites-vous ? Visiblement elles n'aspirent qu'à votre compagnie, à votre intervention. D'autres caresseurs, d'autres brutaux pourtant...

LE PEINTRE : Je ménage autant que possible leur susceptibilité, leur indécision au moins égales à la mienne. Lorsque je les déplace ou les préfère ou me réserve, je prends garde à leur donner une explication. Avec le toucher. Le pinceau n'intervient qu'après. Le monde est tellement ceinturé d'impossibles... Il faut de la patience et du taillant.

LE POÈTE : Ce pichet a l'aspect crépusculaire d'un travailleur qui, ayant clos sa force, se préparerait à entrer tout tranquillement dans son lit. Je reviens à la saveur.

Vos motifs excitent et matent l'œil qui les observe. Nul besoin de cligner, de recourir à des subterfuges de gymnaste. Et la jubilation est intense, massive. Vous êtes un bloc de possibilités. Tout comme la vie à l'intérieur de la graine ou de la bouture. Vous fortifiez la résistance en vue d'imprévisibles accidents.

LE PEINTRE : Les idées, vous savez... Si j'interviens parmi les choses, ce n'est pas, certes, pour les appauvrir ou exagérer leur part de singularité. Je remonte simplement à leur nuit, à leur nudité premières. Je leur donne désir de lumière, curiosité d'ombre, avidité de construction. Ce qui importe, c'est de fonder un amour nouveau à partir d'êtres et d'objets jusqu'alors indifférents.

LE POÈTE : J'aperçois toute la troupe qui vous obéit.

LE PEINTRE : Détrompez-vous. Mon sentiment est leur sentiment. Nous nous accordons dans l'excès comme dans l'économie. La liberté doit se montrer partout. Mais il faut prémunir l'inconnu contre toutes sortes d'entreprises. Il est faux qu'une forêt soit courbatue. Il n'existe pas davantage de cheminée vide.

LE POÈTE : L'inquiétude fait frémir imperceptiblement cette chaise de jardin. Cependant, j'éprouve dans mon dos les courbures de son fer. Sur votre toile, elle jase et trépide. Il est midi dans la maison. Personne n'a l'air de le savoir. Excepté vous qui vous attardez à votre billard. Quel clavecin ! Moi, je suis comblé !

LE PEINTRE : Il faut se persuader sans cesse que la vie réelle et les choses qui la composent n'ont pas de secret entre elles. Seulement des absences, des refus, des cachettes naturelles dont nous ne saisissons pas, à première vue, la perspicacité. Nous manquons étonnamment d'ubiquité.

LE POÈTE : J'aime que dans la suite d'œuvres que vous intitulez *L'Atelier du peintre,* vous ayez accumulé et comme entassé avec une ingratitude géniale les puissances éminentes et combien usuelles de votre rêverie et de votre travail. Elles se transmettent réciproquement l'essor. Et ce ramier, ce phénix plutôt, tantôt fou de rapidité, tantôt arrondi, soit qu'il parcoure, soit qu'il fixe le ciel floconneux de votre atelier, dégage un souffle de vent et une présence qui secouent toute votre peinture récente.

LE PEINTRE : Quoi de neuf dans votre Midi ?

LE POÈTE : Les orangers déjà sont en fleur, le pêcher fait son averse. D'autres arbres vont bientôt suivre. Mais leur maturité est insérée dans une unique saison. Tandis qu'ici...

1950.

3
LÈVRES INCORRIGIBLES

Ami,

J'exprime mon regret de vous avoir, sans doute, mal ou extravagamment plagié. Votre œuvre étant un tout nommé et accompli, ce qui convient devant elle c'est le silence de la jubilation intérieure que les yeux imperceptiblement accusent. Mais bien à mon insu un déclic s'est produit... La toile du poète ! Voici des lignes à son propos, des faits professionnels. Pardon de mon échec. Mais n'êtes-vous pas un peu responsable ?

LES BLÉS

Sur la terre au perpétuel goût d'homme dans la bouche, ce thème rencontré : « Guerre à l'orage ! » Salve des épis. Dilection du soleil. Horizons ennemis. Pluies seules heureuses, coulées ou non.

BAS-RELIEF

Le coq de roche à tête de lune danse et la forêt se tait. Est de retour le coq sacré.

LE NIL

Masque de rameur pour un *Théâtre de la carotide*.

GUÉRIDON ET CHAISES

Nous attendons la réapparition des meilleures parmi les absentes, parmi les aimées. Seulement elles.

NATURE MORTE AU PIGEON

Demeure le céleste, le tué.

LA NUIT

Déesse taillée dans sept climats différents pour accéder au *massif supérieur*.

LA FEMME COUCHÉE

Ulysse émerge et fait flotter son parfum autour d'elle.

LA TERRASSE

Ici tourne dans sa lentille l'immense paresse lumineuse du peintre.

Ces divinités hâlées, ces jeunes puissances, aux jambes couleur de pulpe de roseau, à l'aise dans les plis d'une étoffe de pourpre à peine nouée aux hanches, voici que la promesse d'une source à midi les fait s'animer, se lever et partir devant nous, une à une, en cortège, comme des mouettes au-dessus de la mer façonneuse et du temps.

1951.

4
BRAQUE, LORSQU'IL PEIGNAIT

Braque, lorsqu'il peignait à Sorgues en 1912, se plaisait, après le travail, à pousser une pointe jusqu'à Avignon. C'est sur les marches du fol escalier extérieur qui introduisent au palais des Papes que toujours le déposait sa rêverie. Il s'asseyait à même la pierre, et dévisageait, en la convoitant, la demeure qui n'était solennelle et au passé que pour d'autres que lui. Les murs nus des salles intérieures le fascinaient. « Un tableau accroché là, s'il tient, pensait-il, est vérifié. » Il attendit, pour savoir, l'année 1947, année au cours de laquelle ses œuvres y furent mises en évidence.

1963.

GEORGES BRAQUE INTRA-MUROS

Palais des Papes, Avignon.

J'ai vu, dans un palais surmonté de la tiare, un homme entrer et regarder les murs. Il parcourut la solitude dolente et se tourna vers la fenêtre. Les eaux proches du fleuve durent au même instant tournoyer, puis la beauté qui va d'un couple à une pierre, puis la poussière des rebelles dans leur sépulcre de papes.

Les quatre murs majeurs se mirent à porter ses espoirs, le monde qu'il avait forcé et révélé, la vie acquiesçant au secret, et ce cœur qui éclate en couleurs, que chacun fait sien pour le meilleur et pour le pire.

J'ai vu, cet hiver, ce même homme sourire à sa maison très basse, tailler un roseau pour dessiner des fleurs. Je l'ai vu, du bâton percer l'herbe gelée, être l'œil qui respire et enflamme la trace.

1947.

5

OCTANTAINE DE BRAQUE

Un Sisyphe oiseau : on le découvrit.

Le seul élu d'Avignon aimé des murs de son palais.

En ce temps-là il y avait si peu de pain à manger que Braque supprima le pain, mais rétablit le blé.

Aigle celui que sa plume longue, son aile froide, mènent le plus haut, emportent au plus loin. Hôte du bois pauvre et de la caillasse, roitelet celui que le serpent guette tant il vole bas et son sang est chaud. Les deux ont demeure chez mon ami.

1962.

6

SONGER À SES DETTES

Braque est celui qui nous aura mis les mains au-dessus des yeux pour nous apprendre à mieux regarder et nous permettre de voir plus loin, passée la ligne des faits d'histoire et des tombeaux. Van Eyck eut ce rare pouvoir irrésistible. Les nombreux dons aux poèmes sont des foyers de noire énergie, d'humides végétaux révélés

à eux-mêmes, les divinités frondeuses ou délectables
(Braque n'était-il pas timide jusqu'au sublime?), des
oiseaux soustraits aux boucheries de la nature et remis
à l'esprit, soustraits aux humiliantes facéties des hommes,
tel l'albatros de Baudelaire. Parfois il apparaissait rugueux
à souhait; il savait estimer une énigme, en raviver pour
nous la fortune et l'éclat engourdi. Son ombre était celle
d'un jour conquis, d'un jour gravi, somme d'inspiration,
de réflexions, d'agrandissement de soi et de labeur bien
personnels. La planche à dormir des anxieux devient
sous leur fatigue un tracé tibétain, en un noble mouve-
ment de courir sans le fardeau du corps enfin distancé.
Ce trait d'union chez lui qui pendait, le soir, sur le vide,
il s'élançait déjà vers l'œuvre du lendemain. Les prémices
de l'œuvre sur la toile, multiplicateur dans l'attente
future de son multiplicande, veillaient sur le chevalet,
comme une bougie menaçante que le soleil bientôt rem-
placerait. Nous sommes gens difficiles, nous simplifiant
nous avons besoin tout à la fois de la plante en fleurs et
du jardinier. Aussitôt que l'un, pour toujours, nous
quitte, l'autre, qui nous reste, non péniblement temporel,
nous fait fondre en larmes et retourner aux landes de
notre impéritie. Nous, si peu voyageurs, combien plus
hôtes passagers !

1963.

7

AVEC BRAQUE, PEUT-ÊTRE, ON S'ÉTAIT DIT...

Quand la neige s'endort, la nuit rappelle ses chiens.

Fruits, vous vous tenez si loin de votre arbre que les
étoiles du ciel semblent votre reflet.

Nous nous égarons lorsque la ligne droite, qui s'em-
presse devant nous, devient le sol sur lequel nous mar-
chons. Nous nous abaissons à une piètre félicité.

Saveur des vagues qui ne retombent pas. Elles rejettent
la mer dans son passé.

Le sang demeure dans les plumes de la flèche, non à sa pointe. L'arc l'a voulu ainsi.

L'orage a deux maisons. L'une occupe une brève place sur l'horizon; l'autre, tout un homme suffit à peine à la contenir.

La rosée souffre tôt. Par de bas matins elle se mesure avec l'hypogée de la nuit, avec la rudesse du jour, avec le durable tumulte des fontaines.

Cet homme était couvert des morsures de son imagination. L'imaginaire ne saignait qu'à des cicatrices anciennes.

L'art est une route qui finit en sentier, en tremplin, mais dans un champ à nous.

1963.

LE DARD DANS LA FLEUR

Ce qui m'attache à l'œuvre de Balthus, c'est la présence en elle de ce rouge-gorge infus qui en est l'artère et l'essence. L'énigme que j'appelle rouge-gorge est le pilote caché au cœur de cette œuvre dont les situations et les personnages égrènent devant nous leur volonté inquiétante. Le décalogue de la réalité d'après lequel nous évoluons subit ici sa vérification : l'oiseau qui *chante son nom* termine en fil d'Ariane. À ce point se trouvent toutes les attitudes possibles des êtres à partir de leur nature divisée. En plaçant sous nos yeux, dans leur phase compréhensible, les ressources de la tragédie, Balthus indique l'avenir. À nous de nous passionner pour des faits et des caractères qui ne se sont pas issus du chaos mais d'un mystérieux ordre humain. D'où la réserve intense de beauté mûrie qui accompagne l'œuvre de ce peintre.

L'hermétisme fertile se tient dans le tissu de la source et peu dans ses volutes. La lumière déchirée de notre

temps donne raison à Balthus : au contact de son univers
prémédité nous reprenons confiance et atteignons sans
peine l'angle où s'épousent intelligence et sensation, au
niveau d'un art qui est le climat souhaitable de la vie.
Ainsi Balthus, qui n'est jamais tenté par l'exploit, réalise
celui de nous restituer *quelque chose* de plein, d'organisé
pour agir dans les limites supportables du particulier
humain.

L'œuvre de Balthus est verbe dans le trésor du silence.
Nous désirons la caresse de cette guêpe matinale que
les abeilles désignent du nom de jeune fille et qui cache
dans son corsage la clé des astres de Balthus.

1946.

VISAGE DE SEMENCE
Victor Brauner

Visage sous vos traits la terre se regroupe,
Votre appétit répond pour l'éclair questionné.

    Hauteur et profondeur
    Ne sauront vous glacer.
    Sur le sceptre d'amour
    Le froid croise l'ardeur.
    Nuage et sable d'homme
    Frondent l'humidité.

Figure, recueillez la folle voix errante,
Seul un vœu en révolte modèle le soleil.

    Volumes qui se mêlent
    Et surfaces qui s'aiment,
    Triton vêtu de boue
    Ou poussière chanceuse :
    Beaux sangs juxtaposés.

Figure, recueillez la Sibylle naissante.
Visage sous vos traits la terre se regroupe.

1938.

VICTOR BRAUNER

Le poète qui versifie en marchant bouscule de son talon frangé d'écume des centaines de mots à ce coup inutiles; de même un vaste ouvrage qui surgit en se construisant alerte et fait pleuvoir d'insolites projectiles. Tous deux taillent leur énigme à l'éclair d'y toucher. En cet air, l'espace s'illumine et le sol s'obscurcit.

J'ai le privilège d'être de ceux qui ont vu s'annoncer, se former puis grandir, atteindre l'un après l'autre — sans les torturer — les objectifs capitaux de la peinture de notre temps, l'œuvre de Victor Brauner. Le théâtre mental contemporain, du fait qu'il tire son spectacle des chimères de paille d'un Réel dédaigneusement fui — réel tellement inouï pourtant au niveau de l'être même ! — est contraint de capituler. Et à la vue de tous, un récent réalisme, qui se voulut à la fois humble et ambitieux, est rapidement entré dans une précoce et muette vieillesse.

Après de longues effervescences et une maturation d'angoisse, Victor Brauner saisit dans sa poigne la fable de notre grandeur désemparée et la réintroduit dans ses souterrains en même temps qu'il la pousse, frémissante, dans la lyre de la lumière : portraits du Fayoum, fresques de la villa des mystères de Pompéi, baiser du Judas de Saint-Nectaire, corbeaux fusilleurs de Van Gogh, Brauner va par là, mais dans le cerne du cœur solaire et bénéfiquement. Ainsi du haut mal de la mort naît l'enfant compliqué de la vie. La propriété maudite d'un seul devient la valeur heureuse de tous.

1952.

PIERRE CHARBONNIER I

Si l'acte de peindre signifiait les volontés de la peinture, nos yeux qui s'étendent à nos sens, rapidement s'en détourneraient. Le choix est trop nombreux des lieux et des personnes, des circonstances ensuite qui résultent d'un savoir-vivre en commun. L'artiste doit se faire regretter de son vivant.

Il y a dans l'œuvre de Pierre Charbonnier, outre la connaissance des visées de la matière originelle, l'agencement d'une création destinée à servir et à se reproduire au mieux des attendus toujours déserts de la beauté. Ici tout interroge et se tait, médite et se dénue. Ces peintures sont les moins lucifuges qui soient, bien que la couleur n'y chavire pas.

Charbonnier nous offre l'image de sa route intérieure. À peine parcourue, sa générosité la rompt et nous la rend comme les deux bras d'un pain délibéré.

1948.

PIERRE CHARBONNIER II

Il y a des hommes qui sont seulement des hommes de la terre, d'autres des hommes de la terre et du ciel, d'autres des hommes de la terre, du ciel et de l'infini où voyagent les désirs et les épaves de notre mémoire. Tous ces êtres différents habitent ou cheminent dans un même lieu, nouent des liens ou se prennent en haine; la plupart se supportent à peu près dans l'inconnu et sans échange.

L'œuvre de Pierre Charbonnier nous offre leurs amples ouvrages, communs et pourtant enchantés, mais presque toujours vides de ces mêmes hommes, ouvrages dès lors translucides, initiants, au sommet desquels ne s'affronte plus que le petit nombre rescapé des contradictions immortelles.

1958.

LOUIS FERNANDEZ

Que Fernandez nous impose tout un jeu d'orgues comme celui qui parcourt le portrait de ce jeune homme revenu d'un absurde au-delà pour nous dévisager et retendre sur notre face notre mince masque de tragédie, ou qu'il nous révèle, boursouflé de glaise originelle aux couleurs formées lentement, quelque fruit pareil à une énigme malmenée, ou encore qu'il divulgue un nouvel ordre de valeurs au terme d'une arithmétique concrète ordonnée comme une manie, cet allié de Zurbaran et de Vermeer, à travers le splendide mutisme de la peinture, projette sur les dalles de notre temps sa silhouette de bâtisseur compliqué et de passant qui refuse le salut. Sa propre occurrence enrichit et affermit sans cesse son œuvre en même temps qu'elle disloque sa vie. Il peint passionné et hanté; et quand il ne peint pas, il souffre le tableau de cette passion et de cette hantise qu'il continue à transposer créativement par d'autres voies pour la même fin :

La Treizième revient... C'est encor la première ;
Et c'est toujours la seule...

NERVAL.

Entre laine et gel, sur notre inconstance, Fernandez, avec minutie, instaure son monde, monde de l'étrangeté après le labeur consécutif à notre déluge. Dans un paysage comme frappé de galaxie s'allonge l'épopée silencieuse de la lumière mentale.

1950.

65

ALBERTO GIACOMETTI

Du linge étendu, linge de corps et linge de maison,
retenu par des pinces, pendait à une corde. Son insou-
ciant propriétaire lui laissait volontiers passer la nuit
dehors. Une fine rosée blanche s'étalait sur les pierres
et sur les herbes. Malgré la promesse de chaleur la
campagne n'osait pas encore babiller. La beauté du
matin, parmi les cultures désertes, était totale, car les
paysans n'avaient pas ouvert leur porte, à large serrure
et à grosse clé, pour éveiller seaux et outils. La basse-
cour réclamait. Un couple de Giacometti, abandonnant
le sentier proche, parut sur l'aire. Nus ou non. Effilés et
transparents, comme les vitraux des églises brûlées,
gracieux, tels des décombres ayant beaucoup souffert
en perdant leur poids et leur sang anciens. Cependant
hautains de décision, à la manière de ceux qui se sont
engagés sans trembler sous la lumière irréductible des
sous-bois et des désastres. Ces passionnés de laurier-rose
s'arrêtèrent devant l'arbuste du fermier et humèrent
longuement son parfum. Le linge sur la corde s'effraya.
Un chien stupide s'enfuit sans aboyer. L'homme toucha
le ventre de la femme qui remercia d'un regard, tendre-
ment. Mais seule l'eau du puits profond, sous son petit
toit de granit, se réjouit de ce geste, parce qu'elle en
percevait la lointaine signification. À l'intérieur de la
maison, dans la chambre rustique des amis, le grand
Giacometti dormait.

1954.

CISKA GRILLET

J'ai connu durant l'hiver de 1943, hiver de la nature confidente et de l'homme pourchassé, dans un logis perdu des Alpes de Provence, une jeune femme qui partageait son temps entre l'aide difficile aux réfractaires et un frêle chevalet où elle se plaisait à appuyer des toiles qu'elle peignait avec amour, minutie et patience. Nous nous attachions, sans trop lui dire, à cette lessive claire qui moussait et coulait devant nos yeux puis s'envolait en peinture.

Je crois le moment venu de remercier Ciska Grillet de l'un et de l'autre de ses mérites. Le premier ne concerne évidemment que nous, mais le second doit être étendu et proposé à d'autres. L'art ne peut-il avoir recours, pour s'infléchir, à la salive de l'arbre fruitier ? L'art qui rêve dans les vergers où fleurs et fruits ont raison ensemble ? Où la mort n'est jamais que deux yeux qui écourtent les nôtres ?

1949.

N. GHIKA

L'appréhension n'est pas moins riche que l'espoir. Elle contient le jour et la nuit de demain, mais la nuit du prochain crépuscule chez elle, est plus longue, plus périlleuse que le jour qui est, lui, à peine souhaité. C'est pourquoi notre époque, qui n'assigne plus aux êtres et aux terres la mort comme terme naturel, reconnaît et accepte celle-ci comme une interruption toujours instante, n'importe où et n'importe quand, une espèce de fatalité exigée provenant d'une erreur, d'une maladresse d'un dieu ou des hommes. La prévoyance, la clairvoyance, la création seraient désormais sans efficacité, et la beauté sans leçon ? Ayons le courage de ne pas nous laisser jeter à bas ici, de redouter l'avenir mais de ne pas renoncer.

Ghika nous arrive de très loin et aussi de ce matin, de cette terre grecque de savoir et d'improvisation. Terre dont nous ne voulons pas être arrachés, qu'on nous assure avoir été engloutie, qui ne l'est pas. Eupalinos anxieux ou enfant de Pythie, Ghika puise dans ce grand courant tragique, qui ne se refuse pas à ceux qui sollicitent son tumulte et sa percussion. Dès lors la massivité nietzschéenne de Ghika est un optimisme architectonique colorié. Toilé haut tel le vaisseau du père de Télémaque. Allons, et malheur à ceux qui cherchent à connaître la fin !

1958.

JEAN HUGO

I

Jean Hugo me fait songer au *Mauvais Vitrier* de Baudelaire. Seulement chez lui, d'évidence, les choses sont contraires. Vous vous souvenez : « Comment ? vous n'avez pas de verres de couleur ? Des verres roses, rouges, bleus, des vitres magiques, des vitres de paradis ? » Eh bien ! lui, Jean Hugo, les a. Entre nos murs noircis, derrière les plaies glacées de nos fenêtres, nous n'avions plus d'attention, nous n'espérions plus saisir, dans la rue devenue trop bruyante, la voix de l'illuminateur. Le voici qui monte, tourne la poignée de la porte et fait une entrée discrète. L'air silencieux s'éclaire. Le sournois et la démesure fuient. Le temps, au lieu de son aberrante sirène, va nous commander avec une montre d'herbe. Frère Loup et François appellent Giotto debout sur ses échelles, occupé à peindre les fresques d'Assise. Ils le prient de se dépêcher, car ils désirent lui montrer, avant la nuit qui vient, la campagne française de Jean Hugo. Pourtant Jean Hugo appartient bien aux jours de cette année 1957, pleine de peur et digne d'amour. Il possède des qualités moins spontanées, plus rares et plus âpres, plus composées que celles qui nous enchantent au premier abord dans ses œuvres, que nous réclamons lorsque nous n'entendons plus l'appel de rivière de notre avenir. Il a d'autres vertus, d'autres génies que ceux du voyage, du bouquet odorant, de la grâce primitive, et des yeux incessants. Ces vertus paradoxalement on les découvrira en le questionnant sans miséricorde.

1957.

JEAN HUGO

II

Le Temps, orchestre de chambre avec cuivres, se montra impuissant devant la candide bougie. C'était la deuxième fois depuis le premier instant. Jean Hugo sourit en passant et dit : « Ô vacillante, buvez la brume du matin. Le coq n'y affiche plus sa vanité. » Ces mots laissèrent le jour interdit. Le poulpe des jardins s'éloigna du mur qu'il combattait. La liberté c'est, après naître, la difficulté de s'unir.

1981.

SECRETS D'HIRONDELLES
Paul Klee

L'architecte de la lumière sait de verre sa province bleue.

Il y avait au pied d'une montagne souvent chantée une usine de soufre. Les arbres alentour s'étaient réduits. La terre immobile passait au désert. La vie qui parfois enquêtait, à l'absurde la jugeait utile et l'encourageait.

Les signes qui traversent les portes ne rencontrent que des mains d'amants, des signes à peine différents.

Si le cœur produisait tout son élan, le soleil se briserait pour toujours. Nul dénouement n'est exagéré qui témoigne sans avoir eu lieu.

Le convalescent s'élance de la morale qui suppure, la lune élague trois jardins.

Le miel de la nuit se consume lentement. Le passé se rapproche en des jeux où miroite son indolence. Les étrennes sans parole du fantôme seront dorées.

Tu te tais et tu signes tout au bas de la page là où Paul Klee arrêtant que tu n'existes pas, découvre ta direction.

1946.

WIFREDO LAM

Je ne vois pas de forêt habitée, quoique jamais rejointe, sur la mappemonde terrifiante des hommes, qui nous hèle mieux que celle où Lam rassemble ses créatures amaigries par la nervosité de l'art, cependant rafraîchies par l'expansion naturelle du peintre passant la barrière de l'air.

1953.

DANSEZ, MONTAGNES

Je songe à Miró à travers les lourds séismes de l'esprit qui liassent mille fentes après leur passage sans qu'un seul morceau d'univers se détache formellement. Épave grondante, figure sculptée, table placide ne roulent plus au loin, ne sont que crevasses et promesses fixées. J'évoque Miró, habitant de la ferme au-dessus, peignant, gravant et s'affairant, à ras de la paroi rocheuse féerique. Peintre guilleret et dépouillé d'habitudes. Sur la roue aiguisante du bonheur il est le semeur d'indemnités et d'étincelles. Et dans les plis du deuil il a des beautés pour ranimer Osiris. Depuis longtemps déjà, à ce forain subtil, la mécanique céleste a montré ses frondaisons, son labyrinthe et ses manèges. Et ce 12 avril 1961 Miró est avantagé. Mieux faire qu'un météore n'est pas faire grand-chose quand on ne brûle pas. Miró flambe, court, nous donne et flambe.

1961.

BAN

Ses tombeaux vides,
Le monde qui plane
Va-t-il retomber ?

Miró,
Du pinceau de sa paupière
Allume une querelle d'étoiles,
Loisir d'anniversaire.

Le bel exubérant !
Ô nuit en amont sans linceul,
Ton rare fiancé.

1963.

ÉLOGE RUPESTRE DE MIRÓ

Jusqu'au relais d'Altamira,
Fuyant les jeux icariens;
Lecteur de preste relief,
Mémorablement sûr de peu;
Nous l'aimons tel qu'il nous advint
Sur son petit âne d'Orphée.
Belle insomnie de l'amitié
Tu en éclaires le dessin.

Octobre 1972.

FLUX DE L'AIMANT

Un long éveil, l'étendue à peine quittée et, en face, le monde qui plane encore avant de retomber dans l'ordre étroit, l'instant où la conscience n'a pas touché terre — cette partie la moins ostensible de nous, la plus éloignée, qui nous ravit comme une joie bien nôtre, mais séparée de nous, du contradicteur devenu muet; cette part reçue sans accès, soudain ouverte, mise en vue et préservée on ne sait comment — voilà ce que Miró nous demande d'être. Un regard non formulé. L'état qui précède la chose, la voie non pas de l'achèvement, mais celle qui va à son commencement. Aux abords de ce qui n'est pas encore. De plain-pied nous y sommes introduits. C'est dans cet asile incessible que nous figurerons.

On reconnaît le geste du peintre à cette gravitation vers les sources qui au fur et à mesure de leur apparition détourne les images de leur fin. Comme aspirées par le mouvement qui les entraîne, elles se resserrent. Et dans la simplification qu'elles subissent, qui est richesse de l'utopie du retour aux origines, donc à l'aile extrême, une force les prend en charge, la plus intérieure, la force de cohésion. Elles en assument la puissance et, soustraites comme elles le sont à toute finalité, les images que trace Miró trouvent cet équilibre particulier qui n'est qu'une tension d'objets, maintenue en suspens. L'instable et pourtant souverain équilibre du germe.

L'irréductible en sous-œuvre et sa mouvante densité qui se projette, ouvre la voie à tous les possibles, déroule ceux-ci en méandres, laisse libre cours à d'imprévisibles tangences. C'est l'éclosion multiple de l'image arrêtée et retenue, image naissante, toute encore à la joie d'être, aux prises avec ses volutes et son éclat, éprise de son jaillissement. À l'ancre dans sa souplesse, jamais autre chose que défi de l'éclaircie à son cadre brumeux.

Domaine de Miró. Veut-on l'unir à l'étendue de l'art

actuel, aussitôt il se détache et se courrouce. Ce qui le distingue saute aux yeux. Veut-on de force le faire entrer dans une de ces tendances qui délimitent, comme des cours d'eau, les terres de l'art, on le trahit. Pour avoir choisi, aujourd'hui, ce que certains confondent avec l'irréfléchi, le peintre a pris un chemin sans contre-allée.

À son insu, comme la contre-empreinte de ce qu'il est, apparaît l'actualité de Miró. Celle-ci s'affirme sur l'arc de son champ se déplaçant et se surpeuplant. Invraisemblable parmi les dislocements et les injonctions de son époque, Miró lui donne ce qui lui manque, ou ce qu'elle cherche : le goût des sources et de leur envol. Car dans sa peinture s'inscrit précisément ce qu'une civilisation n'a plus dans sa vieillesse. Et notre usure s'en empare, en subit l'attrait. Narcisse à rebours. Notre lucide pesanteur est effacée. L'*homo ludens* mène le jeu. Un autre âge se reconstitue tout autour, et sa plénitude est celle du premier jour, et son œuvre, la première étincelle dans l'enfance du temps. L'avènement n'a pas de fin.

AVÈNEMENT DE LA LIGNE

Sur la surface intacte, la ligne pointe la première. Trait qui portera jusqu'au bout son apparition et ne s'interrompra que l'ayant circonscrite, à l'endroit précis où la fin s'annule dans le commencement, il sera d'emblée ligne continue, mise au jour progressive d'une liberté et en même temps jouissance de cette liberté et en même temps désir de confondre jouissance et liberté, de cerner leur commune substance et leur commune subversion. Ainsi la ligne de Miró a-t-elle chaque fois un désir, qu'elle suit tout en le découvrant. Et c'est elle, cette direction entrevue, qui fera le partage entre la liberté et le geste arbitraire, entre la jouissance et le signe sans faveur. Que le parcours ainsi créé soit enjoué à loisir, il a toutes les chances de rester éblouissement devant la découverte, et non pas redondante satiété. Ce qui doit se livrer attire et provoque la ligne de Miró. Ce qui l'attend au bout, l'appelle. L'approcher sans tarder — mais, selon l'appel, d'un trait rapide ou sinueux — telle est la condition du retrait de l'œuvre. Jet ou inflexion, la ligne de Miró bannit le repentir, fait de la justesse sa règle et de la spontanéité sa conduite.

Or, spontanéité est concurrente de temps. Sur l'espace où le premier trait s'offrira à l'espoir, à la même seconde et par son truchement s'inscrira une fraction de temps qui se prolongera en durée tout au long de la ligne, cette ligne continue de Miró, réversible en durée, toute axée sur la durée, ductile à souhait, installée dans le temps à la manière, peut-être, de la musique, ayant pour achèvement le laps qui s'écoule pendant qu'elle se réalise. Mais installée à la fois dans l'espace permanent de la peinture, vision fixe d'un mouvement, trajectoire d'une image lancée à sa propre et omniprésente poursuite.

Gardons-nous de songer à une graphie automatique. La totale passivité que celle-ci requiert, la main-aveugle outil, n'existent pas chez Miró. Pas plus que cette soumission au fortuit, seule arme de la graphie bringuebalante contre sa monotonie congénitale. Tout autre est la clairvoyance passive de la ligne de Miró. Tout autre est son lieu.

C'est à l'orée de la conscience qu'elle affleure, là où conscience et inconscient ne s'opposent pas encore, dans le ferme milieu qui les unit. Ainsi reste-t-elle gardienne de leurs propriétés contraires, ligne qui fait de sa volonté délaissement, de son tâtonnement lucidité et va jusqu'à faire de sa recherche, hasard. Combinaison provoquée, dont Miró non seulement aime la fécondité, mais l'exploite — insolite attitude qu'il est l'un des rares à tenir. Arrêtons-nous au passage sur l'une des multiples pierres d'attente qui ne sont pas des jalons célestes mais de menus droits à la faveur desquels nous apprendrons qu'une tête folle peut avoir des mains sages ou inversement, dialectique qui réussissait si bien au *scarabée d'or* d'Edgar Poe.

La main, déliée, suit l'outil. Mais elle guette cette présence concrète, chaque fois différente, plume, burin, pinceau, pour en épuiser les exigences, pour les fondre au geste qui a déclenché la ligne, qui la mène à ses fruits : accomplissement devenu aussitôt double, car dans sa démarche la ligne est désormais expression de l'outil autant que conséquence du geste. Outil, geste, disparus l'un dans l'autre, enrichis l'un par l'autre.

En plus de cette double action que, de surcroît, le temps de l'exécution commande, au cours de l'irruption de la ligne, afin que cette irruption n'impose pas son bref sablier, afin que la spontanéité ne soit pas laissée à elle-même, Miró engage au plus près l'espace matériel sur lequel il travaille : le papier, le cuivre, le grain de la toile, la toile de sac rêche rôdent autour de l'outil comme pour l'assaillir, légitimant les esquives, puis l'insigne intérêt de ce dernier pour eux. L'élan de la ligne passera en s'élevant et provoquera des poursuites et d'étranges mêlées, en fugues d'anneaux palpitants. Ce risque proche — ce hasard provoqué — devient l'excitation suprême, la fortune imprévue, le secret enfin trahi au sommet, pour châtier sa propre vénération. Ce qui est salubre.

Telle est l'escrime de Miró. Geste replié puis lâché sur l'exigence de l'outil devenus ensemble cette durée qui rencontre la surface adverse et qui délaisse sa continuité brisée, pour que la tension ne soit plus qu'un filin de tension, qu'elle aille au bout de sa convoitise comme si elle avançait au niveau de l'inconscient. Sans Ariane. Sans autre prétention ou noblesse que de montrer l'inaccessible. Mais un « inaccessible » qui, à la différence de celui que délivre la franchise automatique, s'identifie dans la peinture de Miró à l'incriminable cerné de toutes parts.

Après vient la couleur et ses meutes de loups.

AVÈNEMENT DE LA COULEUR

Le dessin à son tour devient support. Au sein de la surface se profilent les espaces partagés et retenus par la ligne. Tendus selon son déploiement, ils seront soudain amplifiés dès la première tache de couleur. La ligne cesse d'agir seule. Un mouvement autonome apparaît qui anime et excite l'espace là où la couleur s'est posée, le fait reculer ou avancer, l'étire, et au lieu de l'engourdir l'emplit d'air limpide. À son tour la couleur rend l'espace, l'étale en profondeur. Elle ajoute au dessin la nouvelle dimension. D'un bond, par sa franche entrée en contact avec la surface, elle affirme ce qui la sépare de la ligne : sa force médiane, instantanée, ce pouvoir qu'elle a de se hisser à son point culminant, prenant appui sur elle-même. Facultés que Miró mettra aussitôt en œuvre. À la difficile tension de la ligne il ajoutera celle, opposée et aisée, de la couleur. Nous observons l'*inracontable* modernité de la délectation.

Complément de la ligne, la couleur cependant ne manifeste pas la forme, ni ne cherche à la recouvrir pour la mettre en vue — ce qui serait une circonscription assignée : elle accentue l'espace. C'est l'espace qu'elle vise; et elle sera aussi bien une tache qui éclabousse (rarement), véritable percussion, refoulée par la ligne, donnant lieu à cette action, à cette interférence qui est l'analogie même entretenue par Miró entre lignes et couleurs. Sa densité, son énergie varieront, mais ce sera toujours un mouvement croisé, une vibration double, encore. Pas de paisible voisinage entre lignes et couleurs. Parfois un accompagnement, similitude de démarche qui révèle la nature contraire de la couleur, pour hausser la diversité. Comme pour la ligne, le tendeur sera toujours en action pour la couleur, qu'elle se déverse ou qu'elle s'infiltre, quelle que soit sa teneur. Combinaison d'équivalences, non de semblables : l'enjouement, saut de carpe pour la ligne, sera éclat pour la couleur. Et une seule condition : que la geste ait la même élection.

La couleur, qui prévoit l'espace à travers lequel elle s'unira à la ligne, doit prévoir aussi — comme la ligne, tout en le découvrant, avait prévu son parcours — sa multiplication, l'accord de valeur à valeur. Alors commence cette partie subtile — la grande joie dans la peinture de Miró — où une couleur s'apprête à être l'extrême point d'une lumière, une étoile volcanique à laquelle répond au loin une ombre terrestre, sphère feutrée, et cet éloignement entre les deux, cette respiration presque sensuelle de l'espace dans l'action simultanée des lignes, fait glisser l'œil flammé, de détour en détour, jusqu'au centre invocateur. De ce périple naît la forme, sol en paroi d'un tout volant qui se constitue. Volant et incandescent. Spectre et sceptre d'une main droite ? Non : manade, monade.

À la manière de la ligne, à la manière de la couleur, la forme de Miró n'est que surgissement, rafale qui reflue pour rejaillir. Propulsion ininterrompue, à l'encontre de la forme construite, ce qui la produit la porte à terme sans la déliter. Son achèvement ne suppose pas une fin, mais au contraire une échancrure — la plus grande déchirure naturellement rectiligne et non inculpable, celle qui laisse entrevoir les attaches secrètes entre deux choses et, partant, des rapports essentiels jusque-là inaperçus, l'identité première du réel d'avant le mot et qu'on nomme poétique. C'est de cette identité que la forme de Miró veut faire état. Tel aspect du réel procède par pures ellipses, superpose, lace des images dont chacune se révèle au moment où elle plonge dans l'autre. La fin devient ainsi commencement, appétit, et la forme de Miró une chaîne d'avènements, de prénuptiales luxures.

Miró qui n'énonce pas, Miró qui indique, Miró qui imagine des noces, Miró ne fera que traverser la conquête magnétique, pareil au fauve céleste qui, après panique, une fois la forêt brûlée, s'éloigne par-delà les cendres. Qu'elle agisse enfin, cette forme, entre toutes les formes, apte à demeurer solitaire, comme un filtre qui s'interpose entre nous et la conscience rigide que nous avons du réel, pour que, la magie aboutie, nous soyons la Source aux yeux grands ouverts.

1963.

FRANCIS PICABIA

Sur une Côte d'Azur où ne venait personne (seules quelques mouettes et ma jeunesse regardaient de haut exploser la mer), j'ai rencontré Francis Picabia. Il était pareil à un fougueux coutelier, avec son assortiment qui jetait des éclairs.

1952.

LE COUP

Le coup de génie de Rodin est d'avoir su vêtir Balzac. Picasso, c'est Balzac nu; mais avec les mains de Rodin, la cape impétueuse et le destin de Picasso.

1961.

MILLE PLANCHES DE SALUT

Grâce à Picasso dans le département le plus éprouvé de la peinture, celui de la foliation des objets par l'ajustement rigoureux des visages et des formes affrontés, la lumière et sa servante la main auront accompli leur destin temporel : déborder l'économie de la création, agrandir la sensibilité des gestes de l'homme, le pousser à plus d'exigence, de connaissance et d'invention. Ceci est en cours d'exécution, universellement. Mais... la terreur nous cerne et une antivie artistique, le nazisme, peu à peu s'empare de tous les leviers de l'activité et du loisir; il se prépare à gouverner en absolu équarrisseur. L'œuvre de Picasso, consciemment ou involontairement prévoyante, a su dresser pour l'esprit, bien avant qu'existât cette terreur, une contre-terreur dont nous devons nous saisir et dont nous devrons user au mieux des situations infernales au sein desquelles nous serons bientôt plongés. Face au pouvoir totalitaire, Picasso est le maître-charpentier de mille planches de salut.

Sans apparaître déclinable, son apport semble procéder par lunaison. Perceur d'immunité, chiromancien de l'estocade, il faut avoir vu l'artiste, au demeurant plein d'effroi, faucher de son épée dessinatrice ou coloriste le trop de réalité de ses modèles, afin de nous indemniser par l'offrande de leur essence. De l'espiègle Minotaure aux jeunes femmes de Mougins, des têtes criblées de mots d'évasion à la grisaille sublime de Guernica, partout retentit le cri : « Debout les loups, on se bat ! » Le cinabre s'allume, l'écarlate lui cède, mais à distance du tableau.

Au mois de juillet 1939, dans l'hypnose de Paris, capitale parjure, se dégager sans faiblir des sommations et reprendre un moment la vie commune avec nos Mélusines et nos ustensiles de jeunesse... Ô cher Picasso, Don Giovanni !

1939.

Trente ans ! Picasso a depuis lors quitté plusieurs planètes après les avoir équipées et réchauffées à ras bord. C'est le désir contre le pouvoir, désir qui toujours prévaut et prévaudra chez ce meurtrier admirable; car il porte conjoints la fureur et l'amour, non fonction et fonction. Et rien n'est moins sûr que ce dont on a certitude contre lui.

Appelez Dieu ? Rien. Rappelez les dieux : ils viendront. Les libertins ne sont pas assoupis.

1969.

BOIS DE STAËL

Je lisais récemment dans un journal du matin que des explorateurs anglais avaient photographié sur l'un des versants extrêmes de l'Himalaya, puis suivi, durant plusieurs kilomètres, les empreintes de pieds, de pas plutôt, dans la croûte neigeuse, d'un couple d'êtres dont la présence, en ce lieu affreusement déshérité, était invraisemblable et incompréhensible. Empreintes dont le dessin figurait un pied nu d'homme, énorme, muni d'orteils et d'un talon. Ces deux passants des cimes, qui avaient, ce jour-là, marqué pour d'autres leur passage, n'avaient pu toutefois être aperçus des explorateurs. Un guide himalayen assura qu'il s'agissait de l'Homme des Neiges, du Yéti. Sa conviction et son expérience en admettaient l'existence fabuleuse.

Même si j'écoute l'opinion raisonnable d'un savant du Muséum qui, consulté, répond que les empreintes pourraient être celles d'un plantigrade ou quadrumane d'une rare espèce, grand parcoureur de solitudes, les bois que Nicolas de Staël a gravés pour mes poèmes (pourtant rompus aux escalades et aux sarcasmes) apparaissent pour la première fois sur un champ de neige vierge que le rayon de soleil de votre regard tentera de faire fondre.

Staël et moi, nous ne sommes pas, hélas, des Yétis! Mais nous nous approchons quelquefois plus près qu'il n'est permis de l'inconnu et de l'empire des étoiles.

1951.

NICOLAS DE STAËL

Le champ de tous et celui de chacun, trop pauvre,
    momentanément abandonné,
Nicolas de Staël nous met en chemise et au vent la pierre
    fracassée.
Dans l'aven des couleurs, il la trempe, il la baigne, il
    l'agite, il la fronce.
Les toiliers de l'espace lui offrent un orchestre.

Ô toile de rocher, qui frémis, montrée nue sur la corde
    d'amour !
En secret un grand peintre va te vêtir, pour tous les
    yeux, du désir le plus entier et le moins exigeant.

1952.

IL NOUS A DOTÉS...

Le « printemps » de Nicolas de Staël n'est pas de ceux
qu'on aborde et qu'on quitte, après quelques éloges,
parce qu'on en connaît le rapide passage, l'averse tôt
chassée. Les années 1950-1954 apparaîtront plus tard,
grâce à cette œuvre, comme des années de « ressaisisse-
ment » et d'accomplissement par un seul à qui il échut
d'exécuter sans respirer, en quatre mouvements, une
recherche longtemps voulue. Staël a peint. Et s'il a
gagné de son plein gré le dur repos, il nous a dotés,
nous, de l'inespéré, qui ne doit rien à l'espoir.

9 mars 1965.

VIEIRA DA SILVA

Hier, seul le cœur faisait mouvement, en équilibre entre l'éperon du jour et la paroi de la nuit. Nous vivions, nous ne réfléchissions pas la vie. Elle se fût sentie à l'étroit dans l'ambition d'une idée. Un sceau jaloux était sur elle. Au soir où nous sommes, cette même vie est regardée par nous sans prénotion et sans ombre, trouée à ses limites, éparpillée au plus bas et au plus loin. La sensibilité intellectuelle s'est substituée à la sensibilité naturelle; mais le compas de l'esprit et les longues épées du cœur sont absents. C'est le signal du désastre.

L'œuvre de Vieira da Silva surgit et l'aiguillon d'une douce force obstinée, inspirée, replace ce qu'il faut bien nommer l'art, dans le monde solidaire de la terre qui coule et de l'homme qui s'en effraie. Vieira da Silva tient serré dans sa main, parmi tant de mains ballantes, sans lacis, sans besoin, sans fermeté, quelque chose qui est à la fois lumière d'un sol et promesse d'une graine. Son sens du labyrinthe, sa magie des arêtes, invitent aussi bien à un retour aux montagnes gardiennes qu'à un agrandissement en ordre de la vile, siège du pouvoir. Nous ne sommes plus, dans cette œuvre, pliés et passifs, nous sommes aux prises avec notre propre mystère, notre rougeur obscure, notre avidité, produisant pour le lendemain ce que demain attend.

1960.

LES PRÊLES DE L'ENTRE-RAIL

Absurdes locomotives !
Locomotives !
Tirant superflu et gagne-pain
Parmi les déchirures de la nuit,
Pour des hommes absurdes,
Des hommes effrayants,
Pour des hommes pénalisés
Qui ne voient pas grandir
Les prêles de l'entre-rail,
Comme Vieira da Silva les peint.

1970.

JEAN VILLERI

I

La mer se couvre de ronces aux baies furieuses. Êtes-vous de retour du marché du large ? Au rivage le vent s'obstine, s'adosse aux portes jusqu'à ce qu'une lampe apparue à l'horizon intérieur abatte sa ténacité. Le sourire du lézard sur la fleur de chaux s'affiche au même instant que la convulsive toile. Les enfants traversent la vitre et nagent vers le naufrage, chantier d'un château fort en bois d'épaves. Longtemps les jeunes travailleurs s'affaireront autour de l'œuvre, puis leur haleine se fera douce, et le volet prendra la vitre à leur regard.

C'est l'heure que choisit Villeri pour tendre ses filets. Cet homme utile croit aux couleurs, à celles dont le contact avec les énergies de l'univers, à la longue, est devenu inapparent afin d'être plus sensible. Le fer, le liège, le filin, l'arbre du gouvernail, l'étoile africaine, autant de *pensées* qui vous attendent pour vous prendre par la conscience.

Chemin sans usure au travers duquel vous pouvez vous étendre, aimer. Villeri se tient sur son bord. Du sel blanchit son tablier.

1939.

JEAN VILLERI

II

Comme le monde était beau lorsqu'il n'avait que la largeur d'un visage et, pour l'assister, l'escorte du chant d'un oiseau! Il y avait une fraternité de dessin et de distance entre les choses, une égalité de traitement entre les êtres, qui comblaient le jour en vue du lendemain. Qu'une silhouette amoureusement suivie s'égarât dans le soir tiède, son contour inusité, sa couleur inconnue n'étaient pas perdus pour autant. Le cauchemar existait, la douleur n'avait pas d'abri, des étoiles mouraient de faim chaque nuit.

Villeri a lié ces traces et ces sortilèges; son œuvre nous les restitue purs de compromission. Là ne se borne pas son mérite : Villeri est un peintre lanceur de graines. D'où ce petit peuple tenace de lumières qui se presse et quémande autour de son pinceau.

1948.

PASSAGE DE MAX ERNST

Le surréalisme, en sa période ascendante, avait, croyons-nous, un absolu besoin de Max Ernst; d'abord pour se mettre en lumière tout au long du trait de sa propre flèche, ensuite pour essaimer et s'épandre circulairement. Max Ernst, enjambant Hegel, lui a communiqué ce que l'impressionnable et combatif Breton attendait d'un merveilleux — mot usé et retourné — parti du nord, venu de l'est, merveilleux dont les peintures de Cranach et de Grünewald contiennent les prémices sous leur dessin non courtisan et leur apprêt mercuriel. *La Femme 100 têtes,* une fois lue et regardée (aimée), roule et se déroule interminablement dans le grand pays de nos yeux fermés. Ainsi l'œuvre de Max Ernst paraît faite non d'étrangeté uninominale, mais de matériaux hypnotiques et d'alchimies libérantes. Qu'on veuille bien se souvenir de son tableau *La Révolution la nuit,* il illustre excellemment ce qu'il n'a pas songé à illustrer : les *Poésies,* qui n'en sont point, d'Isidore Ducasse, comte de Lautréamont.

Grâce à Max Ernst et à Chirico, *la mort surréaliste,* entre tous les suicides, n'a pas été hideuse. Elle a éclos sur les lèvres d'une jeunesse imputrescible au lieu de finir au bout d'un chemin noirci.

15 août 1970.

« Émerveillez-vous ! Vite, émerveillez-vous ! » nous ont crié les peintres impressionnistes au terme de leur tableau.

Les grands chevaux disparurent de nos terres, la meule affable, l'exact printemps.

En leur belle lenteur, tel l'oiseau au sol, cisaillant leurs couleurs, ils disaient vrai.

Arpad Szenes est libre de peindre et l'univers de s'offrir. Je suis libre de rappareiller. Je m'émerveille et le sais.

1971.

NOUVELLES-HÉBRIDES, NOUVELLE-GUINÉE

Contrevenant au dire fervent nous donnons à porter à des dieux la part la moins navrante, la plus obscure, de notre destin ; ainsi elle revient intacte, au fil de nous, vers elle-même, ne connaît pas l'usure d'âme, n'enlaidit pas, parce que de roides léthargies la hantent au lieu de l'habiter, grâce à une infinie permission dont nul ne sait qui la consent.

Ces œuvres de tailleurs inspirés, solidaires dans une sorte de génie appétitif, ces fougères, c'est la Nature putrescible appelée à la divinité, avec le bond de l'esprit figuratif et le défi de l'instinct de dérision. Devant la pluie qui plie, le soleil qui environne, peut passer la mort trompée, *là-bas,* mais assurée partout de la même flamme en nos yeux quêtant de cruelles affinités.

Ces sommets sans mains, ces mâts despotiques, ces

Hypnos d'archipel, nous découvrent la virginité d'un crépuscule identique à celui dans lequel nous baignons. C'est l'heure de l'appontement.

Dieux, aujourd'hui sans fonction, sans tribu, quel principe nous fait vos captifs ? Vous avez cessé de nous protéger et nous nous sommes approchés de vous, vous avez dépensé votre chaleur et notre cœur bat dans votre retranchement, vous êtes devenus silencieux, nous vous entourons de paroles d'océan.

1961.

III. GRANDS ASTREIGNANTS

ou

LA CONVERSATION SOUVERAINE

PAGE D'ASCENDANTS POUR L'AN 1964

À l'Ouverture le troubadour. Villon est sur les lieux;
Dante, sensuel féodal, assortit le cyprès à la chair de
l'érable; d'Aubigné est le plus ravagé; Pétrarque dessine
avec Giotto le double chrysanthème; Shakespeare est
la postérité de Shakespeare; Louise Labé a gagné ses
éperons à la trêve des lys, elle est amante; Scève vitrifie;
quoique carrée la voile de Ronsard a des ris de serpen-
tins; Thérèse d'Avila et Sade, les plus hardis, sont les
plus exposés; Racine en clair-obscur nous incendie;
Chénier a la fermeté du désastre; le capitaine de louve-
terie Pouchkine; le rot prophétique de William Blake;
Keats, tel Endymion, n'a pas fait son temps, n'a touché
aucun mur, nœud coulant lumineux; Léopardi poétise
sa peur devineresse dans la nuit de la nature; la main
d'Hugo bande le sein de Ruth, un chant parfait s'élève;
Chateaubriand emplit de ses volontés l'urne de la parole;
Vigny est inspiré dans un angle insigne; Nerval a la
grâce qui affame; Baudelaire fond les blessures de l'in-
telligence du cœur en une douleur rivale d'âme; Hölder-
lin est d'ailes spacieuses, autant que les muets, il sait;
Mallarmé est à la fois unique et conditionnel; Nietzsche
détruit avant forme la galère cosmique; Melville est sûr;
Poe, de face ou de dos m'est témoin; dans le harassement
Emily Brontë est souffle; Rimbaud n'humilie pas le Pays
qu'il révèle; Verlaine dans la gravelure a le plus de
vénusté; Lautréamont, blasphémateur, homme de bien,
met fin; le timbre de la bicyclette de Jarry n'hallucine

pas que la banlieue de Paris capitale; Apollinaire abouche
le chant profond avec la faconde; Claudel est irrespon-
sable; Synge nous sourit de son vert promontoire;
Kafka est notre pyramide; Rilke nous tend le trèfle à
quatre feuilles de la mort; Proust est soudain Pindare;
Reverdy se cave et dédaigne le gain; je revois Eluard;
celui que j'oublie fut heureux.

. . . .

*Isaïe, Salomon, Héraclite, Anaximandre, Anaxagore, Lao-
Tseu, Aristote, Eschyle, Sophocle, Paracelse, Lulle, Maître
Eckhart, Saint-Just, Van Gogh n'éprouvent pas les maux du
froid. Dans l'attente d'Andrei Roublev, nous saluons Mon-
sieur Verdoux.*

ANTONIN ARTAUD

Je n'ai pas la voix pour faire ton éloge, grand frère.
Si je me penchais sur ton corps que la lumière va éparpiller,
Ton rire me repousserait.
Le cœur entre nous, durant ce qu'on appelle impro-
    prement un bel orage,
Tombe plusieurs fois,
Tue, creuse et brûle,
Puis renaît plus tard dans la douceur du champignon.
Tu n'as pas besoin d'un mur de mots pour exhausser
    ta vérité,
Ni des volutes de la mer pour oindre ta profondeur,
Ni de cette main fiévreuse qui vous entoure le poignet,
Et légèrement vous mène abattre une forêt
Dont nos entrailles sont la hache.
Il suffit. Rentre au volcan.
Et nous,
Que nous pleurions, assumions ta relève ou deman-
    dions : «Qui est Artaud ?» à cet épi de dynamite dont
    aucun grain ne se détache,
Pour nous, rien n'est changé,
Rien, sinon cette chimère bien en vie de l'enfer qui prend
    congé de notre angoisse.

1948.

HOMMAGE À MAURICE BLANCHARD

Blanchard souffrait, se confiait en marchant à rebours du vent et des offrandes ; cela se voyait, se lisait sur les traits de ses poèmes. Ceux-ci sont une espèce d'annonciation et de renonciation souveraine et abaissée.

Combien de pas a fait Blanchard, le véloce, le discret, le noueux, le bleuté, le déchirant Blanchard, sur la terre où nous respirons ? DÉJÀ on les remonte, mais là seulement où l'herbe est oscillatoire, silencieuse.

1960.

JE VEUX PARLER D'UN AMI

Depuis plus de dix ans que je suis lié avec Camus, bien souvent à son sujet la grande phrase de Nietzsche réapparaît dans ma mémoire : « J'ai toujours mis dans mes écrits toute ma vie et toute ma personne. J'ignore ce que peuvent être des problèmes purement intellectuels. » Voilà la raison de la force d'Albert Camus, intacte, reconstituée à mesure, et de sa faiblesse, continuellement agressée. Mais il faut croire que de l'horloge de la vérité, qui ne sonne pas chaque heure mais la beauté et les drames du temps seuls, peut toujours descendre un Michel, par les marches mal éclairées qui, en dépit de ses propres doutes, affirmera, face à la famille des totalitaires et des pyrrhoniens, la valeur des biens de la conscience tourmentée et du combat rafraîchissant. De l'œuvre de Camus je crois pouvoir dire : « Ici, sur les champs malheureux, une charrue fervente ouvre la terre, malgré les défenses et malgré la peur. » Qu'on me passe ce coup d'aile ; je veux parler d'un ami.

Affligé ou serré, Camus ne s'échappe pas par la vertu
de la méchanceté qui, bien qu'elle ascétise, a l'inconvé-
nient de modeler à son utilisateur un visage voisin de
la grimace de la mort. Sa parole incisive refuse le rape-
tissement de l'adversaire, dédaigne la dérision. La qua-
lité qui satisfait le plus chez lui, quelle que soit la densité
du rayon de soleil qui l'éclaire, est qu'*il ne s'accointe pas
avec lui-même;* cela renforce son attention, rend plus
féconde sa passion. Sa sensibilité étrangement lui sert
d'amorce et de bouclier, alors qu'il l'engage toute. Enfin,
nanti d'un avantage décisif, il ne remporte qu'une victoire
mesurée dont promptement il se détourne, comme un
peintre de sa palette, non comme un belliqueux de sa
panoplie. Camus aime à marcher d'un pas souple dans la
rue d'une ville quand, par la grâce de la jeunesse, la rue
est pour un instant entièrement fortunée.

*

L'amitié qui parvient à s'interdire les patrouilles mala-
visées auprès d'autrui, quand l'âme d'autrui a besoin
d'absence et de mouvement lointain, est la seule à conte-
nir un germe d'immortalité. C'est elle qui admet sans
maléfice l'inexplicable dans les relations humaines, en
respecte le malaise passager. Dans la constance des cœurs
expérimentés, l'amitié ne fait le guet ni n'inquisitionne.
Deux hirondelles tantôt silencieuses, tantôt loquaces se
partagent l'infini du ciel et le même auvent.

1957.

RENÉ CREVEL

... Écrire sur Crevel signifierait que je puis me pencher de sang-froid sur son image, tirer à moi, du fond du temps, cette branche où des fleurs tardives vivaient en bonne intelligence avec des fruits bientôt sur leur automne, enfin lever ce qui n'appartient qu'à mon souvenir, cette haute écluse d'amitié qui ne me déçut jamais tant son ordre était sensible et sa fraîcheur à toute épreuve.

Je n'ai pu, depuis la mort de ce frère précieux, relire un seul de ses ouvrages. C'est dire combien je m'ennuie de lui, de l'éclat de sa présence, des conquêtes de sa pensée dont il était prodigue. C'est l'homme, parmi ceux que j'ai connus, qui donnait le mieux et le plus vite l'or de sa nature. Il ne partageait pas, il donnait. Sa main ruisselait de cadeaux optimistes, de gentillesses radicales qui vous mettaient les larmes aux yeux. Il s'en excusait car il n'aimait pas obliger. Il était courageux et fidèle, d'une bonne foi jamais relâchée. Il a lutté sa vie durant, sous les fausses apparences du papillon des trèfles, sans se dégrader dans les méandres et les clairs-obscurs de la lutte; lutté contre tout : contre ses microbes, contre l'héritage des siens, contre l'injustice des hommes, contre le mensonge qu'il avait en horreur, contre les besognes — tout en les accomplissant — auxquelles on voulait, les derniers temps, le plier sous prétexte de l'entraîner à je ne sais quelle abêtissante discipline. Mais, comme cela est fréquent chez les natures désintéressées et généreuses, il ne croyait pas à son obstination, à son importance, à sa fermeté. Il ne s'est pas tué pour manquer l'heure et la responsabilité d'un rendez-vous un peu plus lourd que les autres. Je puis m'en porter garant. Il n'était pas, lui, un voluptueux de vie maudite.

1948.

PAUL ELUARD

Mais pour qui parles-tu puisque tu ne
*   sais pas*
Puisque tu ne veux pas savoir
Puisque tu ne sais plus
Par respect
Ce que parler veut dire.

P. E.

Ne pas oublier que nous sommes de parti pris quand nous disons, quand nous ne disons pas...

Abstraction supposée des quatre faces de la mer matérialiste : avoir de l'eau jusqu'aux genoux et n'être pas ingénieux.

Il y a toujours une lacune dans l'accident.

Il n'y a pas d'accident dans l'expression.

La subjectivité des climats déséquilibre le poète. Le poète n'est pas de bois.

La bouche et l'œil ne vivent pas sur le même continent. Leurs sources sont d'inspiration opposée, leurs eaux de couleur différente, leurs effets variables dans leur analogie.

À ceux qui pensent que le merveilleux est une institution, un règne, s'opposent ceux qui pensent qu'il est un système. Je donne à oublier* dans un laps de temps précis tel poème de Paul Eluard. Les poids morts ont bougé mais les enfants n'ont pas grandi. Rien n'est à recommencer.

* Ou à remonter en crue.

La mémoire douloureuse de l'extérieur, l'air de la mort, toutefois la vraisemblance de la vie. Où est la richesse ? Où est le dénuement ? Nulle trace enfin de la voix expirante qui répondait présent, présent...

L'Univers ne transforme pas le conditionnel, le relatif, l'exceptionnel en absolu. Les chansons de gestes exigent des interprètes sans discernement, le silence des mots, des souffleurs d'une sereine beauté. Les crimes machiavéliques demeurent gratuits. Contre le Créateur, Eluard a dirigé l'Armurier.

À hauteur d'Eluard les nuages invisibles deviennent des fleuves visibles. C'est simple comme la croissance du charbon. De la même époque la perfection du poète et l'humanité primitive. L'anneau de la terre est passé dans la grande Classe des Sommeils.

Les yeux ouverts regardent les yeux fermés et se persuadent de souffrir jusqu'au néant de cet inquiétant mystère. C'est ainsi que l'amour, de son vivant, s'afflige volontiers de ses propres larmes.

L'amour va du plus grand au plus petit. Dans le monstrueux mouvement d'universelle imperfection qui s'accomplit autour de l'être aimé il nous arrive de faire, pour le plus grand mal, l'abandon généreux de notre identité dans les contrées les moins estimées de la nature. Partout, notre morale s'avère immuable en même temps que notre ambition démesurée. Tous les problèmes de quelque valeur qu'on nous propose devraient offrir l'équivalente solution, spontanée, visiblement réfléchie.

L'amertume a dominé. Il reste toute la sourde tendresse de l'éclair pour hâter l'éclosion des dernières planètes de soie dans cette nuit de papillons, dans cette nuit de chocs retentissants où le moindre météore soulève et entraîne dans le sillage de ses feux un volume de cendre égal à l'acquis d'une ère de cataclysmes.

1933.

À LA MORT D'ELUARD

Pourquoi m'interrogez-vous « à présent » sur Paul Eluard ? Sa vraie mobilité, sa course glorieuse, durant laquelle, rare et merveilleux poète, il va enfin pouvoir distancer par le seul verbe ses bons frères de partout, vient de commencer depuis ce matin neuf heures. Nous ne pouvons plus rien pour lui et il pourra encore beaucoup pour nous. Mais il ne peut plus rien contre les dieux libres de son berceau revenus et le visage en flamme de son amour.

Durant des dizaines d'années nous nous sommes rencontrés presque chaque jour avec le même impatient entrain. Puis nous avons cessé de nous retrouver. Nous nous adressions dérisoirement des livres, comme d'anciens jumeaux fendus, mais qui s'estiment, savent et communiquent doucement... Misère !

1952.

LA BARQUE À LA PROUE ALTÉRÉE

De même qu'un partage des cendres est promesse ébrasée d'un feu revenant, en hommage à votre présence éminente dont la pensée répandue n'a cessé d'éclairer l'antérieur et le présent, le carillon des gestes prochains et le regard devenu esprit, je me suis plu à reconstituer l'essor, cher Jean Beaufret, où vous engagez quelquefois votre barque pour le plaisir de la voir voguer.

Les philosophes d'origine sont les philosophes dont l'existence, l'inspiration, la vue, l'arête et l'expression ne supportent que peu de temps l'intérieur cloisonné de la pensée didactique. Ils sont tirés violemment du dehors pour s'unir sans précaution à l'inconnu des êtres, à leur déroutante anthologie, ainsi qu'aux troubles cycloniques de l'univers. Ils possèdent à leur insu un don de nouveauté inaltérable : ils fécondent en s'étoilant et se fertilisent en se creusant. Ils sont la solitude et le nombre, l'imaginaire et son aire déchiquetée, d'un lointain de cristal, d'une approche de prairie. L'amont de la philosophie ne peut être correctement mesuré par personne. Il s'enflamme dans la nuit humaine et se perd derrière ses multiples tournants. C'est à cette Histoire sans histoire que s'adossent les poèmes qui se perpétuent en nous éveillant. Ainsi les philosophes et les poètes d'origine possèdent-ils la Maison, mais restent-ils des errants sans atelier ni maison. « Peu si je me considère, beaucoup si je me compare. » Tel est l'écho que le vallon de Vachères, certains soirs, lance aux cieux voisins de la mer.

1967.

HÉRACLITE D'ÉPHÈSE

Il paraît impossible de donner à une philosophie le visage nettement victorieux d'un homme et, inversement, d'adapter à des traits précis de vivant le comportement d'une idée, fût-elle souveraine. Ce que nous entrevoyons, ce sont un ascendant, des attouchements passagers. L'âme s'éprend périodiquement de ce montagnard ailé, le philosophe, qui propose de lui faire atteindre une aiguille plus transparente pour la conquête de laquelle elle se suppose au monde. Mais comme les lois chaque fois proposées sont, en partie tout au moins, démenties par l'opposition, l'expérience et la lassitude — fonction universelle —, le but convoité est, en fin de compte, une déception, une remise en jeu de la connaissance. La fenêtre ouverte avec éclat sur le prochain, ne l'était que sur l'en dedans, le très enchevêtré en dedans. Il en fut ainsi jusqu'à Héraclite. Tel continue d'aller le monde pour ceux qui ignorent l'Éphésien.

Nos goûts, notre verve, nos satisfactions sont multiples, si bien que des parcelles de sophisme peuvent d'un éclair nous conquérir, toucher notre faim. Mais bientôt la vérité reprend devant nous sa place de meneuse d'absolu, et nous repartons à sa suite, tout enveloppés d'ouragans et de vide, de doute et de hautaine suprématie. Combien alors se montre ingénieuse l'espérance !

Héraclite est, de tous, celui qui, se refusant à morceler la prodigieuse question, l'a conduite aux gestes, à l'intelligence et aux habitudes de l'homme sans en atténuer le feu, en interrompre la complexité, en compromettre le mystère, en opprimer la juvénilité. Il savait que la vérité est noble et que l'image qui la révèle c'est la tragédie. Il ne se contentait pas de définir la liberté, il la découvrait indéracinable, attisant la convoitise des tyrans, perdant son sang mais accroissant ses forces, au centre même du perpétuel. Sa vue d'aigle solaire, sa sensibilité particulière l'avaient persuadé, une fois pour toutes, que la seule certitude que nous possédions de la réalité du lendemain, c'est le pessimisme, forme accomplie du secret où nous venons nous rafraîchir, prendre garde et dormir.

Le devenir progresse conjointement à l'intérieur et tout autour de nous. Il n'est pas subordonné aux preuves de la nature; il s'ajoute à elles et agit sur elles. Sauve est l'occurrence des événements magiques susceptibles de se produire devant nos yeux. Ils bouleversent, en l'enrichissant, un ordre trop souvent ingrat. La perception du fatal, la présence continue du risque, et cette part de l'obscur comme une grande rame plongeant dans les eaux, tiennent l'heure en haleine et nous maintiennent disponibles à sa hauteur.

Héraclite est ce génie fier, stable et anxieux qui traverse les temps mobiles qu'il a formulés, affermis et aussitôt oubliés pour courir en avant d'eux, tandis qu'au passage il respire dans l'un ou l'autre de nous.

Le mérite de la présente traduction* est dans la satisfaction qu'elle donne, à la fois, à la philosophie et à la poésie de la pensée inspirée de l'Éphésien. La question de savoir s'il importe de dire juste ou de dire au mieux, est ici sans objet. Disant juste, sur la pointe et dans le sillage de la flèche, la poésie court immédiatement sur les sommets, parce que Héraclite possède ce souverain pouvoir ascensionnel qui frappe d'ouverture et doue de mouvement le langage en le faisant servir à sa propre consommation. Il partage avec autrui la transcendance tout en s'absentant d'autrui. Au-delà de sa leçon, demeure la beauté sans date, à la façon du soleil qui mûrit sur le rempart mais porte le fruit de son rayon ailleurs. Héraclite ferme le cycle de la modernité qui, à la lumière de Dionysos et de la tragédie, s'avance pour un ultime chant et une dernière confrontation. Sa marche aboutit à l'étape sombre et fulgurante de nos journées. Comme un insecte éphémère et comblé, son doigt barre nos lèvres, son index dont l'ongle est arraché.

1948.

* *Héraclite d'Éphèse,* par Yves Battistini, éditions « Cahiers d'Art », 1948.

HUGO

Hugo est un intense et grouillant moment de la culture
en éventail du XIXe siècle, non une marche effective de la
connaissance poétique de ce siècle. Obèse auguste, c'est
le grand réussi des insensés, ou inversement. Sur sa
silhouette géante, on baye, on admire, on pouffe, on se
fâche, on tempête, on se déclare pour la pantomime.
Tant de fatuité roublarde frappe de consternation. Mais
un remords naît aussitôt. À notre époque, voici le poète
le moins indispensable qui soit, mais c'est celui qui sait
projeter sur le métier perdu du vers, quand ce métier
est inspiré, successivement la lumière la plus harmonieuse
et la plus cramoisie. Il est aisé, mystérieux à souhait, fauve
admirable dans ses bonds; son toucher est ineffable, par
instants proche de la caresse médusante de Racine. Son pla-
fond monte sur une verticale sûre. Voilà pour la noblesse.

Il a des thèmes pour tous les âges et pour tous les
idéaux, mais nul de ces thèmes n'est satisfaisant pour
aucun. Sa griffe torrentielle est irremplaçable lorsqu'on
la contemple froncée et dessinée sur des débris et des
morceaux, des lamelles et des grimoires. En sylvain, il
surpasse Pan. Dans son entier, il est impossible. Un
Barnum hâbleur, comptable de ses honneurs, de son
lyrisme, et de ses deniers, maniant dans les affaires cou-
rantes de l'existence le verbe sauveur comme un stick
ou encore comme un coupe-file. Mais sitôt mort de cette
mort violente que lui inflige Baudelaire — il est litté-
ralement mis en pièces par l'obus baudelairien —, ses
contrées belles se libèrent, son aurore cesse de jacter,
des pans de poème se détachent et, splendides, volent
devant nous. De son interminable et souvent sénile dia-
logue avec Dieu et avec Satan ne subsistent que quelques
fourches subulées et quelques lys épars, mais d'une teneur
d'arome et de feu presque unique.

Hugo prosateur ne peut pas rivaliser avec Chateau-
briand. Aux antipodes, Gérard de Nerval, avec *Sylvie,*

enchante le bocage de plusieurs siècles. Toutefois il rapporte le tableau de ce qu'il distingue beaucoup mieux que Nicéphore Niepce.

Ajoutons qu'Hugo est l'archétype de miroir grandiose en forme de cœur et de résultat où s'interroge la notoriété de quelques-uns de nos importants contemporains. Ceci doit lui être compté.

1952.

LA CONVERSATION SOUVERAINE

Quelle que soit la place qu'occupent dans les époques les grands mouvements littéraires, l'empreinte ambitieuse qu'ils se proposent de laisser dans la connaissance et dans la sensibilité de leur temps est mince, leur force agissante est mesurée, leur rayonnement semble s'éteindre avec le crépuscule qui les suit. Non sans injustice souvent. Le seul et influent débat engagé l'est alors entre deux ou trois des fortes personnalités contemporaines de ces mouvements, soit qu'elles aient marqué le pas, un moment, auprès d'eux, soit qu'elles les aient en apparence ignorés. La postérité manque d'amour pour les brigades.

Le scintillement de l'être Hölderlin finit par aspirer le spectre pourtant admirable du romantisme allemand. Nerval et Baudelaire ordonnent le romantisme français entrouvert par Vigny et gonflé par Hugo. Rimbaud règne, Lautréamont lègue. Le fleuret infaillible du très bienveillant Mallarmé traverse en se jouant le corps couvert de trop de bijoux du symbolisme. Verlaine s'émonde de toutes ses chenilles : ses rares fruits alors se savourent. Enfin Apollinaire, le poète Guillaume Apollinaire trouve, en son temps, la hauteur interdite à tout autre que lui, et trace la nouvelle voie lactée entre le bonheur, l'esprit et la liberté, triangle en exil dans le ciel de la poésie de notre siècle tragique, tandis que des labeurs pourtant bien distincts, en activité partout, se promettent d'établir, avec de la réalité éprouvée, *une cité* encore jamais aperçue sous l'emblème de la lyre.

Des plumes tombées de l'amant de Lou s'affublent des gaillards au verbe fringant qui succomberont bientôt sous le fardeau compliqué des systèmes et des modes.

Chaque jour pour nous dans le bloc hermétique qu'est Paris, Guillaume Apollinaire continue à percer des rues royales où les femmes et les hommes sont des femmes et des hommes au cœur transparent.

Encore que sur la périphérie, à l'emplacement des anciennes carrières, se tienne, économe comme le lichen, un poète sans fouet ni miroir, que pour ma part je lui préfère : Pierre Reverdy. Celui-ci dit les mots des choses usagères que les balances du regard ne peuvent avec exactitude peser et définir. Leur mouvement dépourvu de sommation continuellement nous ramène aux trois marches d'escalier d'une maison aux lampes douces, gravies un soir de pluie par ce convive essentiel. Trop souffrant ou trop averti pour reprendre le chemin du coteau en torrent où opèrent des voix peut-être plus passionnées, plus variées, mais moins sincères que la sienne, il n'a plus quitté son hôte, bien que vivant en mauvaise intelligence avec lui. Nul n'a mieux timbré l'enveloppe inusable dans laquelle voyage, attrition de la réalité et de son revers, *la parole qui penche pour le poème,* et à l'instant de la déchirure, le devient.

Reconnaissance à Guillaume Apollinaire, à Pierre Reverdy*, au privilégié lointain Saint-John Perse, à Pierre Jean Jouve, à Artaud détruit, à Paul Eluard.

1953.

---

* 1960. À Luc Decaunes.
    C'est l'année de la faux basse, filante et rase, jusqu'aux racines. La mort de Reverdy m'a beaucoup attristé. J'ai dit, il y a quelques années, dans un texte, *La Conversation souveraine,* ma gratitude pour Reverdy. La circonstance funèbre, aujourd'hui, reste au-dessous, presque en arrière de ce qui fut écrit une fois, par un beau et grand temps d'essor, de saisissement.

CHARLES CROS

C'est une joie de mettre un moment sa main dans celle de ce fin compagnon du crépuscule, de ce dévaleur de pentes chimériques au bas desquelles vous attend sur les lèvres d'un amour non fredonné le poème impromptu de la vaillance mélancolique. L'honnêteté de Cros, le mot qui tend à l'exprimer parfument les abords de la serre noire où se déchiquette Rimbaud. Il arrive qu'une geôle de minuit affleure en larme de sang sur le mordoré de ce regard qu'on souhaiterait longtemps tenir dans le sien pour se découvrir inspiré sans se sentir novice. Cros, c'est la glissière de la tendresse répartie sur le houblon du rempart où notre condition, dans ses meilleurs jours, nous permet d'accéder, seulement là, à mi-corps, une moitié bleue, l'autre partie mortelle.

AISÉ À PORTER

I

Martin Heidegger est mort ce matin. Le soleil qui l'a couché lui a laissé ses outils et n'a retenu que l'ouvrage. Ce seuil est constant. La nuit qui s'est ouverte aime de préférence.

Mercredi, 26 mai 1976.

Il faut vivre Arthur Rimbaud, l'hiver, par l'entremise d'une branche verte dont la sève écume et bout dans la cheminée au milieu de l'indifférence des souches qui s'incinèrent; la bouilloire, de son bec, dessinant la soif. Le désert ergoteur, par la porte ouverte, pointe son index avant d'être une fois encore arrêté par l'immuabilité trompeuse du garde-feu qui rend l'écriture si précise, mais vaine jusqu'au point noir. C'est toujours le jeune pâtre Euphorbos, qui découvre nu, sur le rocher, l'enfant Œdipe abandonné aux aigles; et, ignorant l'oracle, l'emporte tout rêveur contre lui jusqu'à Corinthe.

EN 1871

Arthur Rimbaud jaillit en 1871 d'un monde en agonie, qui ignore son agonie et se mystifie, car il s'obstine à parer son crépuscule des teintes de l'aube de l'âge d'or. Le progrès matériel déjà agit comme brouillard et comme auxiliaire du monstrueux bélier qui va, quarante ans plus tard, entreprendre la destruction des tours orgueilleuses de la civilisation de l'Occident.

Le romantisme s'est assoupi et rêve à haute voix : Baudelaire, l'entier Baudelaire, vient de mourir après avoir gémi, lui, de vraie douleur; Nerval s'est tué; le nom de Hölderlin est ignoré; Nietzsche s'apprête, mais il devra revenir chaque jour un peu plus déchiqueté de ses sublimes ascensions (Hugo, le ramoneur sénestre, ivre de génie autant que de fumée, sera demain massivement froid comme une planète de suie); soudain, les cris de la terre, la couleur du ciel, la ligne des pas, sont modifiés, cependant que les nations paradoxalement bal-

lonnent, et que les océans sont sillonnés par les hommes-
requins que Sade a prédits et que Lautréamont est en
train de décrire.

L'enfant de Charleville se dirige à pied vers Paris.
Contemporain de la Commune, et avec d'analogues
représailles, il troue de part en part comme une balle
l'horizon de la poésie et de la sensibilité. Il voit, relate
et disparaît, après quatre ans d'existence, au bras d'une
Pythie qui n'est autre que le Minotaure. Mais il ne fera
que varier de lieu mental en abdiquant l'usage de la
parole, en échangeant la tornade de son génie contre
le trimard du dieu déchu.

Il n'a rien manqué à Rimbaud, probablement rien.
Jusqu'à la dernière goutte de sang hurlé, et jusqu'au sel
de la splendeur.

1951.

ARTHUR RIMBAUD

Avant d'approcher Rimbaud, nous désirons indiquer
que de toutes les dénominations qui ont eu cours jusqu'à
ce jour à son sujet, nous n'en retiendrons, ni n'en rejet-
terons aucune (R. le Voyant, R. le Voyou, etc.). Simple-
ment, elles ne nous intéressent pas, exactes ou non,
conformes ou non, puisqu'un être tel que Rimbaud — et
quelques autres de son espèce — les contient nécessai-
rement toutes. Rimbaud le Poète, cela suffit, cela est
infini. Le bien décisif et à jamais inconnu de la poésie,
croyons-nous, est son invulnérabilité. Celle-ci est si
accomplie, si forte que le poète, homme du quotidien,
est le bénéficiaire après coup de cette qualité dont il n'a
été que le porteur irresponsable. Des tribunaux de l'In-
quisition à l'époque moderne, on ne voit pas que le mal
temporel soit venu finalement à bout de Thérèse d'Avila
pas plus que de Boris Pasternak. On ne nous apprendra
jamais rien sur eux qui nous les rende intolérables, et
nous interdise l'abord de leur génie. Disant cela, nous

ne songeons même pas au juste jeu des compensations qui leur appliquerait sa clémence comme à n'importe quel autre mortel, selon les oscillations des hommes et l'odorat du temps.

Récemment, on a voulu nous démontrer que Nerval n'avait pas toujours été pur, que Vigny fut affreux dans une circonstance niaise de sa vieillesse. Avant eux, Villon, Racine... (Racine que son plus récent biographe admoneste avec une compétence que je me suis lassé de chercher). Ceux qui aiment la poésie savent que *ce n'est pas vrai,* en dépit des apparences et des preuves étalées. Les dévots et les athées, les procureurs et les avocats n'auront jamais accès professionnellement auprès d'elle. Étrange sort ! Je est un autre. L'action de la justice est éteinte là où brûle, où se tient la poésie, où s'est réchauffé quelques soirs le poète. Qu'il se trouve un vaillant professeur pour assez comiquement se repentir, à quarante ans, d'avoir avec trop de véhémence admiré, dans la vingtième année de son âge, l'auteur des *Illuminations,* et nous restituer son bonheur ancien mêlé à son regret présent, sous l'aspect rosâtre de deux épais volumes définitifs d'archives, ce labeur de ramassage n'ajoute pas deux gouttes de pluie à l'ondée, deux pelures d'orange de plus au rayon de soleil qui gouvernent nos lectures. Nous obéissons librement au pouvoir des poèmes et nous les aimons par force. Cette dualité nous procure anxiété, orgueil et joie.

★

Lorsque Rimbaud fut parti, eut tourné un dos maçonné aux activités littéraires et à l'existence de ses aînés du Parnasse, cette évaporation soudaine à peine surprit. Elle ne posa une véritable énigme que plus tard, une fois connues sa mort et les divisions de son destin, pourtant d'un seul trait de scie. Nous osons croire qu'il n'y eut pas rupture, ni lutte violente, l'ultime crise traversée, mais interruption de rapport, arrêt d'aliment entre le feu général et la bouche du cratère, puis desquamations des sites aimantés et ornés de la poésie, mutisme et mutation du Verbe, final de l'énergie visionnaire, enfin apparition sur les pentes de la réalité objective *d'autre chose* qu'il serait, certes, vain et dangereux de vouloir fixer ici. Son œuvre, si rapidement constituée,

Rimbaud l'a, à la lettre, oubliée, n'en a vraisemblablement rien souffert, ne l'a même pas détestée, n'en a plus senti à son poignet basané la verte cicatrice. De l'adolescence extrême à l'homme extrême, l'écart ne se mesure pas. Y a-t-il une preuve que Rimbaud ait essayé, par la suite, de rentrer en possession des poèmes abandonnés aux mains de ses anciens amis ? À notre connaissance, pas une. L'indifférence complète. Il en a perdu le souvenir. Ce qui sort maintenant de la maigreur de la branche en place des fruits, du temps qu'il était un jeune arbre, ce sont les épines victorieuses, piquants qui furent annoncés par l'entêtant parfum des fleurs.

*

L'observation et les commentaires d'un poème peuvent être profonds, singuliers, brillants ou vraisemblables, ils ne peuvent éviter de réduire à une signification et à un projet un phénomène qui n'a d'autre raison que d'*être*. La richesse d'un poème si elle doit s'évaluer au nombre des interprétations qu'il suscite, pour les ruiner bientôt, mais en les maintenant dans nos tissus, cette mesure est acceptable. Qu'est-ce qui scintille, parle plus qu'il ne chuchote, se transmet silencieusement, puis file derrière la nuit, ne laissant que le vide de l'amour, la promesse de l'immunité ? Cette scintillation très personnelle, cette trépidation, cette hypnose, ces battements innombrables sont autant de versions, celles-là plausibles, d'un événement unique : le présent perpétuel, en forme de roue comme le soleil, et comme le visage humain, avant que la terre et le ciel en le tirant à eux ne l'allongeassent cruellement.

Aller à Rimbaud en poète est une folie puisqu'il personnifie à nos yeux ce que l'or était pour lui : l'intrados poétique. Son poème, s'il fascine et provoque le commentateur, le brise aussitôt; quel qu'il soit. Et comme son unité il l'a obtenue à travers la divergence des choses et des êtres dont il est formé, il absorbera sur un plan dérisoire les reflets appauvris de ses propres contradictions. Aucune objection à cela puisqu'il les comprend toutes : « *J'ai voulu dire ce que ça dit, littéralement et dans tous les sens.* » Parole qui, prononcée ou non, est *vraie*, qui se remonte indéfiniment.

Il faut considérer Rimbaud dans la seule perspective de la poésie. Est-ce si scandaleux ? Son œuvre et sa vie ainsi se découvrent d'une cohérence sans égale, ni par, ni malgré leur originalité. Chaque mouvement de son œuvre et chaque moment de sa vie participent à une entreprise que l'on dirait conduite à la perfection par Apollon et par Pluton : la révélation poétique, révélation la moins voilée qui, en tant que loi nous échappe, mais qui, sous le nom de phénomène noble, nous hante presque familièrement. Nous sommes avertis : hors de la poésie, entre notre pied et la pierre qu'il presse, entre notre regard et le champ parcouru, le monde est nul. La vraie vie, le colosse irrécusable, ne se forme que dans les flancs de la poésie. Cependant l'homme n'a pas la souveraineté (ou n'a plus, ou n'a pas encore) de disposer à discrétion de cette vraie vie, de s'y fertiliser, sauf en de brefs éclairs qui ressemblent à des orgasmes. Et dans les ténèbres qui leur succèdent, grâce à la connaissance que ces éclairs ont apportée, le Temps, entre le vide horrible qu'il sécrète et un espoir-pressentiment qui ne relève que de nous, et n'est que le prochain état d'extrême poésie et de voyance qui s'annonce, le Temps se partagera, s'écoulera, mais à notre profit, moitié verger, moitié désert.

Rimbaud a peur de ce qu'il découvre ; les pièces qui se jouent dans son théâtre l'effrayent et l'éblouissent. Il craint que l'inouï ne soit réel, et, par conséquent, que les périls que sa vision lui fait courir soient, eux aussi, réels, lourdement ligués en vue de sa perte. Le poète ruse, s'efforce de déplacer la réalité agressive dans un espace imaginaire, sous les traits d'un Orient légendaire, biblique, où s'affaiblirait, s'amoindrirait son fabuleux instinct de mort. Las ! la ruse est vaine, l'épouvante est justifiée, le péril est bien réel. La Rencontre qu'il poursuit et qu'il appréhende, voici qu'elle surgit comme une double corne, pénétrant de ses deux pointes « dans son âme et dans son corps ».

*

Fait rare dans la poésie française et insolite en cette seconde moitié du xixe siècle, la nature chez Rimbaud a une part prépondérante. Nature non statique, peu appréciée pour sa beauté convenue ou ses productions, mais associée au courant du poème où elle intervient avec fréquence comme matière, fond lumineux, force créatrice, support de démarches inspirées ou pessimistes, grâce. De nouveau, elle agit. Voilà ce qui succède à Baudelaire. De nouveau, nous la palpons, nous respirons ses étrangetés minuscules. L'apercevons-nous en repos que déjà un cataclysme la secoue. Et Rimbaud va du doux traversin d'herbe où la tête oublieuse des fatigues du corps devient une eau de source, à quelque chasse entre possédés au sommet d'une falaise qui crache le déluge et la tempête. Rimbaud se hâte de l'un à l'autre, de l'enfance à l'enfer. Au Moyen Âge la nature était pugnace, intraitable, sans brèche, d'une grandeur indisputée. L'homme était rare, et rare était l'outil, du moins son ambition. Les armes la dédaignaient ou l'ignoraient. À la fin du XIXe siècle, après des fortunes diverses, la nature, encerclée par les entreprises des hommes de plus en plus nombreux, percée, dégarnie, retournée, morcelée, dénudée, flagellée, accouardie, la nature et ses chères forêts sont réduites à un honteux servage, éprouvent une diminution terrible de leurs biens. Comment s'insurgerait-elle, sinon par la voix du poète ? Celui-ci sent s'éveiller le passé perdu et moqué de ses ancêtres, ses affinités gardées pour soi. Aussi vole-t-il à son secours, éternel mais lucide Don Quichotte, identifie-t-il sa détresse à la sienne, lui redonne-t-il, avec l'amour et le combat, un peu de son indispensable profondeur. Il sait la vanité des renaissances, mais plus et mieux que tout, il sait que la Mère des secrets, celle qui empêche les sables mortels de s'épandre sur l'aire de notre cœur, cette reine persécutée, il faut tenir désespérément son parti.

*

Avec Rimbaud la poésie a cessé d'être un genre littéraire, une compétition. Avant lui, Héraclite et un peintre, Georges de La Tour, avaient construit et montré quelle Maison entre toutes devait habiter l'homme : à la fois demeure pour le souffle et la méditation. Baudelaire est le génie le plus *humain* de toute la civilisation *chrétienne*. Son chant incarne cette dernière dans sa conscience, dans sa gloire, dans son remords, dans sa malédiction, à l'instant de sa décollation, de sa détestation, de son apocalypse. « *Les poètes*, écrit Hölderlin, *se révèlent pour la plupart au début ou à la fin d'une ère. C'est par des chants que les peuples quittent le ciel de leur enfance pour entrer dans la vie active, dans le règne de la civilisation. C'est par des chants qu'ils retournent à la vie primitive. L'art est la transition de la nature à la civilisation, et de la civilisation à la nature**. » Rimbaud est le premier poète d'une civilisation non encore apparue, civilisation dont les horizons et les parois ne sont que des pailles furieuses. Pour paraphraser Maurice Blanchot, voici une expérience de la totalité, fondée dans le futur, expiée dans le présent, qui n'a d'autre autorité que la sienne. Mais si je savais ce qu'est Rimbaud pour moi, je saurais ce qu'est la poésie devant moi, et je n'aurais plus à l'écrire...

*

L'instrument poétique inventé par Rimbaud est peut-être la seule réplique de l'Occident bondé, content de soi, barbare puis sans force, ayant perdu jusqu'à l'instinct de conservation et le désir de beauté, aux traditions et aux pratiques sacrées de l'Orient et des religions antiques ainsi qu'aux magies des peuples primitifs. Cet instrument, dont nous disposons, serait notre dernière chance de retrouver les pouvoirs perdus ? D'égaler les Égyptiens, les Crétois, les Dogons, les Magdaléniens ? Cette espérance de retour est la pire perversion de la culture occidentale, sa plus folle aberration. En voulant remonter aux sources et se régénérer, on ne fait qu'aggraver l'ankylose, que précipiter la chute et punir absurdement son sang. Rimbaud avait éprouvé et repoussé cette tentation : « *Il faut être absolument moderne : Tenir le pas gagné.* » La poésie moderne a un arrière-pays dont seule la clôture est sombre. Nul pavillon ne flotte longtemps sur cette banquise qui, au gré de son caprice, se donne à nous et se reprend. Mais elle indique à nos yeux l'éclair et ses ressources vierges. Certains pensent : « C'est bien

---

* Traduction de Denise Naville.

peu ! Et comment distinguer ce qui se passe là-dessous ? »
Ces pointilleux auraient-ils songé à tailler un silex, il y a
vingt mille ans ?

*

Rimbaud s'évadant situe indifféremment son âge d'or
dans le passé et dans le futur. Il ne s'établit pas. Il ne
fait surgir un autre temps, sur le mode de la nostalgie
ou celui du désir, que pour l'abattre aussitôt et revenir
dans le présent, cette cible au *centre* toujours affamé de
projectiles, ce port naturel de tous les départs. Mais de
l'en deçà à l'au-delà, la crispation est extraordinaire.
Rimbaud nous en fournit la relation. Dans le mouvement
d'une dialectique ultra-rapide, mais si parfaite qu'elle
n'engendre pas un *affolement,* mais un tourbillon ajusté
et précis qui emporte toute chose avec lui, insérant dans
un devenir sa charge de temps pur, il nous entraîne,
il nous soumet, consentants.

Chez Rimbaud, la *diction* précède d'un adieu la *contra-
diction.* Sa découverte, sa date incendiaire, c'est la rapidité.
L'empressement de sa parole, son étendue épousent et
couvrent une surface que le verbe jusqu'à lui n'avait
jamais atteinte ni occupée. En poésie, on n'habite que
le lieu que l'on quitte, on ne crée que l'œuvre dont on se
détache, on n'obtient la durée qu'en détruisant le temps.
Mais tout ce qu'on obtient par rupture, détachement et
négation, on ne l'obtient que pour autrui. La prison se
referme aussitôt sur l'évadé. Le donneur de liberté n'est
libre que dans les autres. Le poète ne jouit que de la
liberté des autres.

À l'intérieur d'un poème de Rimbaud, chaque strophe,
chaque verset, chaque phrase vit d'une vie poétique
autonome. Dans le poème *Génie,* il s'est décrit comme
dans nul autre poème. C'est en nous donnant congé, en
effet, qu'il conclut. Comme Nietzsche, comme Lautréa-
mont, après avoir tout exigé de nous, il nous demande
de le « renvoyer ». Dernière et essentielle exigence. Lui
qui ne s'est satisfait de rien, comment pourrions-nous
nous satisfaire de lui ? Sa marche ne connaît qu'un terme :
la mort, qui n'est une grande affaire que de ce côté-ci.
Elle le recueillera après des souffrances physiques aussi
incroyables que les illuminations de son adolescence.

Mais sa rude mère ne l'avait-elle pas mis au monde dans un berceau outrecuidant entouré de vigiles semblables à des vipereaux avides de chaleur ? Ils s'étaient si bien saisis de lui qu'ils l'accompagnèrent jusqu'à la fin, ne le lâchant que sur le sol de son tombeau.

1956.

RÉPONSES INTERROGATIVES
À UNE QUESTION DE MARTIN HEIDEGGER

> *La poésie ne rythmera plus l'action.*
> *Elle sera en avant.*
>
> RIMBAUD.

Divers sens étroits pourraient être proposés, compte non tenu du sens qui se crée dans le mouvement même de toute poésie objective, toujours en chemin vers le point qui signe sa justification et clôt son existence, à l'écart, en avant de l'existence du mot Dieu :

— La poésie entraînera à vue l'action, se plaçant en avant d'elle. L'en-avant suppose toutefois un alignement d'angle de la poésie sur l'action, comme un véhicule pilote aspire à courte distance par sa vitesse un second véhicule qui le suit. Il lui ouvre la voie, contient sa dispersion, le nourrit de sa lancée.

— La poésie, sur-cerveau de l'action, telle la pensée qui commande au corps de l'univers, comme l'imagination visionnaire fournit l'image de ce qui sera à l'esprit forgeur qui la sollicite. De là, l'en-avant.

— La poésie sera « un chant de départ ». Poésie et action, vases obstinément communicants. La poésie, pointe de flèche supposant l'arc action, l'objet sujet étroitement dépendant, la flèche étant projetée au loin et ne retombant pas car l'arc qui la suit la ressaisira avant chute, les deux égaux bien qu'inégaux, dans un double et unique mouvement de rejonction.

— L'action accompagnera la poésie par une admirable fatalité, la réfraction de la seconde dans le miroir brûlant et brouillé de la première produisant une contradiction et communiquant le signe plus (+) à la matière abrupte de l'action.

— La poésie, du fait de la parole même, est toujours mise par la pensée en avant de l'agir dont elle emmène le contenu imparfait en une course perpétuelle vie-mort-vie.

— L'action est aveugle, c'est la poésie qui voit. L'une est unie par un lien mère-fils à l'autre, le fils en avant de la mère et la guidant par nécessité plus que par amour.

— La libre détermination de la poésie semble lui conférer sa qualité conductrice. Elle serait un être action, en avant de l'action.

— La poésie est la loi, l'action demeure le phénomène. L'éclair précède le tonnerre, illuminant de haut en bas son théâtre, lui donnant valeur instantanée.

— La poésie est le mouvement pur ordonnant le mouvement général. Elle enseigne le pays en se décalant.

— La poésie ne rythme plus l'action, elle se porte en avant pour lui indiquer le chemin mobile. C'est pourquoi la poésie touche la première. Elle songe l'action et, grâce à son matériau, construit la Maison, mais jamais une fois pour toutes.

— La poésie est le moi en avant de l'en soi, « le poète étant chargé de l'Humanité » (Rimbaud).

— La poésie serait de « la pensée chantée ». Elle serait l'œuvre en avant de l'action, serait sa conséquence finale et détachée.

— La poésie est une tête chercheuse. L'action est son corps. Accomplissant une révolution ils font, au terme de celle-ci, coïncider la fin et le commencement. Ainsi de suite selon le cercle.

— Dans l'optique de Rimbaud et de la Commune, la poésie ne servira plus la bourgeoisie, ne la rythmera plus. Elle sera en avant, la bourgeoisie ici supposée action de conquête. La poésie sera alors sa propre maîtresse, étant maîtresse de sa révolution; le signal du départ donné, l'action en-vue-de se transformant sans cesse en action *voyant*.

*

Le jeune Rimbaud était un poète révolutionnaire contemporain de la Commune de Paris.

Rimbaud ne se sentait ni ne se voulait artiste. Merveilleuse ingénuité à laquelle sa violente nature s'accrochait, se tenait. En se taisant, il le devint malgré lui.

La poésie ne rythmera plus l'action, elle en sera le fruit et l'annonciation jamais savourés, en avant de son propre paradis.

*

À la lumière des actions politiques récentes — et prévisibles par la poésie —, et de ce qui en a découlé pour l'erre de la pensée, toute action qui se justifie doit être une contre-action dont le contenu révolutionnaire attend son propre dégagement, une action proposable de refus et de résistance, inspirée par une poésie en avant et souvent en dispute avec elle.

Après l'extinction des feux et le rejet des outils inefficaces, si le mot fin apparaissait sur la porte d'aurore d'un destin retrouvé, la parole tenue ne serait plus crime et les barques repeintes ne seraient pas des épaves immergées au débarcadère du Temps.

Septembre 1966.

AU REVOIR, MADEMOISELLE

J'ai eu pour Adrienne Monnier une amitié où sa personne si avenante, et vive, comme un nuage gris teinté de rose, se dessinait à part égale avec une image féminine du siècle de Louis XIII et de Marie de Médicis que j'ai recherchée et quelquefois aperçue dans les peintures de cette époque. Je retrouvais toujours Adrienne Monnier avec plaisir. Nous allions dîner dans un restaurant proche de son domicile. Nous y mangions des truites qu'elle serrait dans ses courtes dents avec une pétillante gourmandise. Au retour, je la regardais marcher, traversant la place de l'Odéon de son pas balancé et lent. Ma mémoire et mon affection ne la verront jamais autre. Dans son tombeau, il n'y a, je suis sûr, que deux petits doigts de nuit gardés par des planches.

1955.

POUR JEAN-PAUL SAMSON

Lors d'une visite que Samson me fit à Paris, et au cours de laquelle nous évoquâmes Camus mort quelques mois plus tôt, mais comme resté là dans cette maison des Tocqueville, je lui citai la stricte phrase d'Herman Melville que Camus aimait entre toutes ses pareilles : « La vérité exprimée sans compromis a toujours des bords déchiquetés. » Nous prêtâmes soudain plus d'attention aux pas de quelqu'un qui descendait l'escalier de bois de l'immeuble, avant de se perdre dans la rue. Jean-Paul Samson se leva, s'essuya les yeux, ajusta son béret fané, et se hâta de partir.

Il n'y a pas de chimère. Pourtant des hommes, jamais bien établis, en incarnent les traits furtifs et dégrisants. Samson fut l'un d'eux. Où la mort les couche, les vents de la terre, certains jours, sont plus glacials ou plus chauds. Et les jardiniers et les chasseurs les localisent.

1964.

À GUY LÉVIS MANO

*Autrefois quand nous attendions l'alizé
et qu'on s'ennuyait à bord, nous regardions
le capitaine sur la dunette et lui regardait
les nuages...*

CDT LOUVEL
de la Marine marchande,
cap-hornier.

Lorsque nous étions enfants nous nous voulions perchés comme un tonnerre sur les nuages accumulés. Nous admirions Poussin, il paraissait à peine plus âgé que nous; le monde qui était le sien n'était pas mis en doute.

C'est dans un rêve heureux, non dans un cauchemar, que ce sentiment était le plus alcoolisé. Il se prolongeait souvent hors du sommeil, emplissait de sa progression le jour et la chaleur.

L'existence eût-elle été de hasard, que le hasard fertile hantait notre existence négligeant de se convertir au porte-à-porte d'autrui avec le souci de son succès.

La nuance n'est pas de nature à s'apprendre bien qu'elle voyage et compose dans les lieux les plus animés.

Tant de génie prodigué sur terre restait néanmoins sans comparaison avec celui dont la terre s'emparait.

Soudain nous passâmes à l'effroi supérieur. Mais cette apocalypse serait-elle tarissable alors même qu'elle s'écoulerait ? En ce monde du ressentiment on nierait toute révélation puisqu'on se refusait à imaginer quelque chose, quelqu'un, un Passant nu et outillé, de plus miraculeux que soi !

Ah ! la personnalité effrangée, sous l'afflux de questions, des squelettes additifs.

Un jeu politique où le résultat détruit le plan de construction, pourquoi ?

La connaissance qui clignote devrait nous introduire à quelque espoir. Mais non !

L'évasion dans son semblable devenue réclusion, souffrance, haine !

Qu'est-ce qui se tapit de si énorme sous une neutre obscurité ? Qu'on l'attaque ! C'est irréalisable.

Sol glacé et quasi-certitude : sans nos dieux — ces alizés qui se reforment dans l'oubli — nous ne sommes qu'un désert puant, qu'une bête vite entravée.
Cassons cette ombre. Le renouveau, à son heure, est sans ambiguïté. Est-ce lui ?

Le squelette rompit son contrat. Le livre aux extrémités froides, l'ouragan l'ouvrant, devint visible et lisible partout. Et qu'importe les yeux aveugles ! Il y a toujours un éclat de la fin qui affecte la naissance d'un successif commencement; et c'est le plus indéchiffrable, et c'est, violent, le plus aimé.

8 janvier 1971.

ENQUÊTE DANS LES CAHIERS G. L. M.
LA POÉSIE INDISPENSABLE

QUESTIONNAIRE

Soit duplicité soit ignorance, les conducteurs écoutés de la Poésie soulèvent de moins en moins de protestations de la part de l'ensemble des lecteurs contre leur volonté grossière de réduire à nouveau cette Poésie aux dimensions gracieuses, inoffensives ou politiquement utilisables (excluant alors merveilleux, érotisme, humour et fantastique, dénoncés hypocritement comme facteurs de confusion et d'ankylose), que l'esprit bourgeois et un certain opportunisme révolutionnaire n'ont jamais désespéré d'imposer. Cette démarche va à l'encontre de l'interrogation creusante, en permanence posée à l'homme — ce briseur de satisfactions —, par la simplicité sans limites de son devenir autant que par l'essence magique de son origine (en proie aux déchirements des milieux contradictoires où il circule, en proie à son angoisse, à son mal-être, aux rapports non fondamentaux avec les structures des sociétés, en proie aux allégresses tranchantes, en proie à de subtiles nausées, etc.). NOUS VOUS POSONS LA QUESTION SUIVANTE :

*Contre toute tentative d'annexion, de stabilisation, d'estimation bornée de la Poésie, désignez-nous vingt poèmes, sans restriction de pays ni d'époque, dans lesquels vous aurez reconnu l'*INDISPENSABLE *qu'exige de vous non pas l'éternité de votre temps mais la traversée mystérieuse de votre vie.*

1937.

En aucun cas la lecture d'un poème, sa remémoration ne sauraient égaler et couvrir l'émotion que m'impose le toucher de cette foudre pythienne dont certaines présentations du Réel sont, il me semble, comme à dessein comblées. L'évidence à tous vents : son contenu alimentaire. Pour soi, conviction incomplexe d'être à la fois le monarque, le noyau, et la peau vécue, rentée de connaissances de la généralité des artisans. Temporairement... N'est-il pas une forme de dépression qui, n'affleurant pas la sécurité admise comme indispensable, procure à ses sujets un plaisir dont le trajet franchit les sources affectives pour se perdre dans l'ancienneté des origines ? La mémoire détendue déterminera le poème.

J'ai tiré produit d'Héraclite, l'homme magnétiquement le mieux établi, du Lautréamont des poésies, de Rimbaud aux avant-bras de cervelle. Ces trois-là commandent au personnel de la voûte.

Note. — Il faut répéter que la fonction de touriste de la connaissance se conforme à des lois de surface qui capitulent devant les premières rigueurs. La poésie à un tournant obscur de son trajet a été transformée en gérance de biens maudits. Conscience prise de la vanité d'une telle plate-forme il fallait livrer son niveau à l'agression des examinateurs. Mais on n'immole pas aisément la commodité aidée de l'énergie de conservation, surtout lorsque sa terminologie s'inspire de l'odieuse familiarité ecclésiastique avec les morts. Toute une production qui de nos jours s'estime l'héritière des grands voyants du Moyen Âge et du XIXᵉ siècle ne tardera à découvrir son destin sur les épaules de ce congédié : l'artificialisme.

1938.

IMPRESSIONS ANCIENNES

Les quelques impressions anciennes que je vais dire sont apparues souvent à l'intersection d'une lecture endurante, selon le mot de Jean Beaufret, des grands textes de Martin Heidegger et de l'exercice quotidien d'une vie d'homme que nous sommes nombreux à avoir tenté d'égaliser, sans la dépeindre, par le bas et par le haut. Elles sont un hommage de respect, de reconnaissance et d'affection à Martin Heidegger.

... Dans le moment que nous vivons — je pense surtout à ceux qui sont aux prises avec cette hypnose certaine que répand le climat d'une époque — l'espoir, ce ressasseur peu sûr, est vraiment le seul langage actif, et le seul repoussoir susceptible d'être transformé *en bon mouvement*. Nous sommes tenus d'assurer que cet espoir n'est pas candeur. La poésie est la solitude sans distance parmi l'affairement de tous, c'est-à-dire une solitude qui a le moyen de se confier; on n'est, à l'aube, l'ennemi d'aucun, excepté des bourreaux. Pour Hegel la philosophie, du point de vue du bon sens, est le monde à l'envers. Pour quelques-uns, du point de vue de l'équité, la poésie est le monde à sa meilleure place. Même s'il est en proie à une nature pessimiste, celui qui accepte, de bon ou de mauvais gré, les perspectives du devenir, doit se convaincre que le sur-ressort de ce pessimisme est l'espoir sans rupture, espoir que quelque chose d'imprévisible, où nous distinguerons une faveur, ou, à l'opposé, un hermétique maléfice, surgira, et que l'oppression sera momentanément renversée. La pensée du pire n'est-elle pas respect d'autrui ? Il semble que la poésie, par les voies qu'elle a suivies, par les épreuves qui l'ont rendue concrète, constitue le relais qui permet à l'être blessé de recouvrer des forces neuves et de fraîches raisons. La poésie n'est que rarement glaneuse d'indulgences, instigatrice de petits méfaits de fantaisie. Son originalité ne s'égare pas dans une botte de paille.

... Le mot passe à travers l'individu, définit un état, illumine une séquence du monde matériel; propose aussi un autre état. Le poète ne force pas le réel, mais en libère une notion qu'il ne doit point laisser dans sa nudité autoritaire.

... Nous nous sommes imaginé, en 1945, que l'esprit totalitaire avait perdu, avec le nazisme, sa terreur, ses poisons souterrains et ses fours définitifs. Mais ses excréments sont enfouis dans l'inconscient fertile des hommes. Une espèce d'indifférence colossale à l'égard de la reconnaissance des autres et de leur expression vivante, parallèlement à nous, nous informe qu'il n'y a plus de principes généraux et de morale héréditaire. Un mouvement failli l'a emporté. On vivra en improvisant à ras de son prochain. La faim devenue soif, la soif ne se fait pas nuage. Une intolérance démente nous ceinture. Son cheval de Troie est le mot *bonheur*. Et je crois cela mortel. Je parle, homme sans faute originelle sur une terre présente. Je n'ai pas mille ans devant moi. Je ne m'exprime pas pour les hommes du lointain qui seront — comment n'en pas douter ? — aussi malheureux que nous. J'en respecte la venue. On a coutume, en tentation, d'allonger l'ombre claire d'un grand idéal devant ce que nous nommons, par commodité, notre chemin. Mais ce trait sinueux n'a pas même le choix entre l'inondation, l'herbe folle et le feu ! Pourtant, l'âge d'or promis ne mériterait ce nom qu'*au présent*, à peine plus. La perspective d'un paradis hilare détruit l'homme. Toute l'aventure humaine contredit cela, mais pour nous stimuler et non nous accabler.

... Comment délivrer la poésie de ses oppresseurs ? La poésie qui est clarté énigmatique et hâte d'accourir, en les découvrant, les annule.

... Il nous faut apprendre à vivre sans linceul, à replacer à hauteur, à élargir le trottoir des villes, à fasciner la tentation, à pousser la parole nouvelle au premier rang pour en consolider l'évidence. Ce n'est pas un assaut que nous soutenons, c'est bien davantage : une patiente imagination en armes nous introduit à cet état de refus incroyable. Pour la préservation d'une disponibilité et pour la continuation d'une inclémence du non-moi.

... Nous sommes d'une lignée qui se sent à l'étroit

dans des sommations strictement intellectuelles. L'hérésie secoue tôt la vaniteuse orthodoxie.

... Il est sillonné de volontés passagères, le poète, ce vieux nourricier, si semblable au coucou, le réaliste voilé, l'absolu fainéant !

... Le poète n'a pas de mission; à tout prendre, il a une tâche. Je n'ai jamais rien proposé qui, une fois l'euphorie passée, risquât de faire tomber de haut.

... Succomber est le risque, mais pour un édit lumineux qui puisse me contenir sans que je souffre de m'y trouver.

... Pourquoi le mot « poète » me traverse souvent ? Pour qu'il y ait plus d'espace dans le plein et moins d'erreur sur une identité mal révélée. De la nécessité de conserver les maîtresses ombres.

... Créer : s'exclure. Quel créateur ne meurt pas désespéré ? Mais est-on désespéré si l'on est déchiré ? Peut-être pas.

1950, 1952, 1964.

NOTE À PROPOS D'UNE DEUXIÈME LECTURE DE « LA PERVERSION ESSENTIELLE », IN « LE 14 JUILLET » 1959

Politiquement, Maurice Blanchot ne peut aller que de déception en déception, c'est-à-dire de courage en courage, car il n'a pas la mobilité oublieuse de la plupart des grands écrivains contemporains. Blanchot est fixé à la profondeur que la détresse entrave, celle aussi que la révolte électrise mais ne toque pas, seule profondeur qui comptera lorsque tout sera cendre ou sable, n'ayant froide valeur, dans un nouveau présent, que du passé. L'œuvre de Blanchot ne commence, tel un arbre de plein vent, qu'au revers de ce « Dormez, vous n'étiez point heureux ». Elle n'est là que pour creuser et assoiffer des esprits très clairvoyants en même temps que réversibles, en regard de saisons qui ne se perpétuent entre notre avenir et nous que grâce à des marges trompeuses et à des prodigalités de graminées.

. . . .

On ne gouverne, de nos jours, les nations qu'avec les turpitudes et les fadaises des individus. Ce qui permet de tenir pour détestables leurs passions qui sont, avec leur finesse anxieuse, le meilleur d'eux-mêmes.

La France s'illustre en ceci : le pouvoir, indifférent à l'homme et à son qualificatif, s'y accomplit inexorablement contre la société, la déconcerte et la déconfit. L'hypnose argentée succède à l'hypnose d'épouvante, la ruse affadissante à la terreur avocassière. Le sacrement qui propage ce malheur n'est, quant à lui, qu'une fiction, une obscénité au niveau d'une névrose particulière que l'exemple et l'étalement des récentes techniques ont implantée. Le vrai théâtre éternel, incurablement baroque, ne tardera pas à faire valoir de nouveau ses droits, hélas ! avec une suprême lenteur.

1964.

LE SOUHAIT ET LE CONSTAT

Le philosophe pense et obtient le pays de sa pensée à partir d'une œuvre ou d'un concept déjà existant. Il progresse et fixe. Grâce à lui soudain un dieu non dignitaire se trouve dans les tissus de l'homme comme un minerai dans l'air. Le philosophe sera le premier à en établir l'indivisibilité et à en caresser la tête adolescente. Après son intervention, ce quelque chose d'innommable qui nous tenait nous lâche. Il aura réduit l'idée inaperçue qui serpentait : celle de punir en ne pas regrettant. Mais le navire des rigueurs qui appareille n'arbore plus que le pavillon de l'exil. Le philosophe ne divulguera pas le secret suivant et ne touchera pas à l'ultime viatique; il en défendra l'accès contre toutes les tentations venues d'en finir avec eux.

Le poète fonde sa parole à partir de quelque embrun, d'un refus vivifiant ou d'un état omnidirectionnel aussitôt digité. Il la soustrait à l'errance provinciale et l'élève au tableau universel. On ne surprendra pas avec elle l'instant de la tombée des braises. D'omission en omission et de soupçon en douleur, le poète est le contraire d'un dynaste; c'est un journalier, de tous le plus irrésolu et distant, et comme éthérisé dans l'implacable; de même qu'apte à se ruer sur le plus enclos des amours.

Le physicien devra prendre scrupule qu'il est le bras droit d'un souverain très temporaire, obtus et probablement criminel. Ce qu'il modifie ou transpose, ce sont des lois graduées, tenues au secret dans la chair tractive des hommes. Canon d'extérieur retourné, il tire sur une cible d'âme. Celle-ci apparaît à ses splendides yeux fermés tel un soleil réactualisé, un fleuve sans son terme d'océan.

Lequel des trois aménagera l'espace conquis et les terrasses dévastées ?

Octobre 1966.

IV. À UNE SÉRÉNITÉ CRISPÉE

1952

Nous sommes, ce jour, plus près du sinistre que le tocsin lui-même, c'est pourquoi il est temps de nous composer une santé du malheur. Dût-elle avoir l'apparence de l'arrogance du miracle.

PRÉLIMINAIRE

Envers celle à qui nous adressons sans retouches certaines chaudes et violentes paroles lorsque se dispose à nous ronger, à nous détruire, un mal foisonnant et entouré de murs, tel le nazisme, nous nous sentons tout droit et tout devoir. Celle-là nous écoute, et de près nous entend, nous exhorte. Sous ses yeux, nous nous cachons, nous combattons, enfin nous existons.

Mais dès 1948, l'affable, le hardi visage perd son miel et sa jeune rougeur. Quelque nom qu'on donne à la nuit, nous la traverserons désormais seuls, sans son conseil ardent. Qu'est-ce donc qui agonise, au plus secret de la vie et des choses, malgré l'espoir matériel grandi et l'aiguillon du verbe humain? Celui qui sauta dans le feu n'avait que son cri pour abri. La détresse est moins originale que l'effroi, mais elle libère la lucidité en ôtant à l'imagination sa fièvre; elle rend aussi les grands mensonges translucides. Le malheur du souvenir, nulle flamme n'a pouvoir de le ceinturer, ni même de l'atteindre. L'homme inspiré aux certitudes du bas est terreur, cet homme est épouvante. Ce qui fonde l'action est déjà son fantôme, ce qui réduit en servitude est aussitôt démence. Sur l'heure, follement sanguinaire. L'action est nécessaire : elle forge des clés probables. Mais vers quoi, et dans les mains de qui?

Heureux les riches d'esprit, à l'aveuglement studieux, aux futiles scrupules, au remords irrésolu! Gueux qui souffle la lampe du serviteur! À une sérénité crispée? Pour une rougeur réapparue. Pas sur n'importe quel visage.

1963.

Produire (travailler) selon les lois de l'utilité, mais que cet utile ne serve à travers tous qu'à la personne de la poésie. (Valable pour *un, un* encore, *un* ensuite, *un* tout seul ... Ah! s'efforcer ici de n'être pas *nouveau* — fameux — mais de retoucher au même fer pour s'assurer de son regain guérisseur.)

L'appétit de quelques esprits a complètement détraqué l'estomac des hommes. Pourquoi cette perte de noblesse entre la révélation et la communication? Comment l'éviter?

Seule est émouvante l'orée de la connaissance. (Une intimité trop persistante avec l'astre, les commodités sont mortelles.)

« À l'époque j'habitais... » Mais la voix, avec humeur : « Hors d'ici ! » Moi rectifiant : « J'errais à cette époque... » Alors la voix : « Que cherchais-tu ? — Mon sang lointain. »

Il fallait boire, Narcisse, et ne pas te mirer. Tu risquais davantage : *je serais resté beau!*

Ce rien de vulgarité qui sied aux morts et que les contemporains sur tout venant apprécient.

Le devoir d'un Prince est, durant la trêve des saisons et la sieste des heureux, de produire un Art à l'aide des nuages, un Art qui soit issu de la douleur et conduise à la douleur.

Aucun oiseau n'a le cœur de chanter dans un buisson de questions.

L'existence n'est qu'une succession de solidarités blanches ou noires, fortuites ou non. (Entre deux draps de pure terre qui acclimatent le sommeil, rival heureux du réel ?)

La souveraineté obtenue par l'absence dans chacun de nous d'un drame personnel, voilà le leurre.

Qui peut se dire, en l'état des félicités actuelles, autrement qu'effleuré ? C'est une illusion que de se prétendre étreint.

La faune cadavérique. Elle est présente partout aujourd'hui, même dans les linges de l'enfant nouveau-né.

Ce qui est passé sous silence n'en existe pas moins. Dualisme vigoureux. Sincérité du masque. Sa rougeur : Mansuétude pour les Parques.

L'essentiel est sans cesse menacé par l'insignifiant. Cycle bas.

Il faut, malgré l'apparence, beaucoup de wagonnets pour remplir une vie.

L'acte poignant et si grave d'écrire quand l'angoisse se soulève sur un coude pour observer et que notre bonheur s'engage nu dans le vent du chemin.

Belles filles de la terre, fontaines de félicité, qu'on baise, qu'on chavire, qu'on pénètre, qu'on disloque jusqu'au laconisme, pourquoi hélez-vous encore, ruines parfumées ?

Salut, poussière mienne, salut d'avance, joyeuse, devant les pattes du scarabée.

L'amour qui sillonne est préférable à l'aventure qui humilie, la blessure à l'humeur.

Après l'ultime distorsion, nous sommes parvenus sur la crête de la connaissance. Voici la minute du *considérable danger* : l'extase devant le vide, l'extase neuve devant le vide frais.

Toute association de mots encourage son démenti, court le soupçon d'imposture. La tâche de la poésie, à travers son œil et sur la langue de son palais, est de faire disparaître cette aliénation en la prouvant dérisoire.

Le jour et la nuit ne sont-ils que des hallucinations de passant ? Que voient les emmurés ? L'oubli ? Leurs mains ?

L'oiseau et l'arbre sont conjoints en nous. L'un va et vient, l'autre maugrée et pousse.

De la saveur de la malignité appliquée à soi. Coercitivement.

Nous sommes de ceux qui regardent à dessein par la portière du wagon car nous aimons cette seconde si chargée qui brûle encore après que ce qui nous emporte a fui. Ah ! le prix de cette escarbille.

Les actions du poète ne sont que la conséquence des énigmes de la poésie.

Le poète se remarque à la quantité de pages insignifiantes qu'il n'écrit pas. Il a toutes les rues de la vie oublieuse pour distribuer ses moyennes aumônes et cracher le petit sang dont il ne meurt pas.

Si les pommes de terre ne se reproduisent plus dans la terre, sur cette terre nous danserons. C'est notre droit et notre frivolité.

Décide seul de la tactique. Ne te confie qu'à ton sérieux.

Les jours de pluie nettoie ton fusil. (Entretenir l'arme, la chose, le mot ? Savoir distinguer la liberté du mensonge, le feu du feu criminel.)

L'obsession de la moisson et l'indifférence à l'Histoire sont les deux extrémités de mon arc.

L'ennemi le plus sournois est l'actualité.

Le xxᵉ siècle voit la revanche *physique* et quasiment totale du pouvoir des Sorciers contenu jusqu'alors par le bûcher, l'exorcisme puis l'allègre illusion de la Révolution. Certains survivent, promus à la parole, glaciers.

Entre le monde de la foi et celui de la connaissance, il y a la tête tranchée de la Première Figure, et auparavant, dédaignée d'eux, la grappe desséchée de Dionysos, — qui sait ? — demain reverdissante.

On ne nous juge pas sur ce que nous sommes mais sur ce que nous sommes *capables* d'avoir été et sur ce que nous sommes susceptibles de contrecarrer en devenant. D'où la difficulté de répondre à deux questions qui ne parviennent pas à éveiller notre méfiance.

Pleurer longtemps solitaire mène à quelque chose.

Nous sommes forts. Toutes les forces sont liguées contre nous. Nous sommes vulnérables. Beaucoup moins que nos agresseurs qui, eux, s'ils ont le crime, n'ont pas le *second* souffle.

Si tu ne libères rien de toi pour retenir plus certainement l'angoisse, car sans l'angoisse tu n'es qu'élémentaire, ni ne corriges pour rendre unique, tu pourriras vivant.

Il faut intarissablement se passionner, en dépit d'équivoques découragements et si minimes que soient les réparations.

Au centre de la poésie, un contradicteur t'attend. C'est ton souverain. Lutte loyalement contre lui.

Homme aux mille touchers, aux couteaux en roue de paon. Homme jovialement cruel et terrorisé. Homme de toujours aux mains et aux pieds de gisant.

Les yeux clos et dans l'effort de m'endormir, je vois luire au fond de mes paupières une braise qui est l'âme obstinée, l'épave clignotante du naufrage glorieux de ma journée.

La vraie violence (qui est révolte) n'a pas de venin. Quelquefois mortelle mais par pur accident. Échapper aux orthodoxies. Leur conduite est atroce.

Au pied du jour, il y a toute une haïssable vanité qui ne veut rien devoir au jour et qui juge l'obscur indigne de son commerce! Ces personnes sont légion depuis le chant du cygne des présocratiques.

Le plus difficile est de distinguer la brouette du jardinier, le nez du profil, et de n'en tenir qu'*imperceptiblement* compte.

Temps aux lèvres de lime en des visages successifs, tu t'aiguises, tu deviens fiévreux...

Après l'épouvantable et insipide verbe « liquider »' voici, copieusement usité, le mot « fil ». Mot minuscule à même la salive et la démonstration, combien au sec, pourtant! Mot d'agonie : *Nous remontons la pente.*

Chagrin et contemplation : tu te jettes. Tristesse et richesse : tu t'ébroues. Cherche plutôt le motif aigu et solitaire d'où tu jailliras.

Épreuves qui montrez aberrante la récompense.

Au commencement était la peur, puis la résistance à l'objet de la peur, ensuite le verbe, le secret et les autres occurrences. (Je mets le chant côte à côte avec l'illusion, où il vous plaît de les placer.)

Phare, tueur d'hirondelles, alentour la mer moutonne, les rivages sont couchés. Moi qui veille te remercie de balayer ainsi ma page.

BATTOLOGIE

Chêne par dérision fougueux, chêne à l'attache, entouré de décombres.

L'idéal, disait cet architecte, serait d'édifier une ville sans plis.

Pénétrez, ventres plats, dans la ville-monceau à la stature déféquée.

Étrange exigence que celle d'un présent qui nous condamne à vivre entre la promesse et le passé, car il est le déluge, ce déluge avec lequel, hier, notre imagination convolait.

L'équilibre ne s'obtient qu'au détriment de la justice. N'est-ce pas, mères qui nous avez portés dans vos ventres remplis d'orties ?

La grande nuit terrienne n'est pas faite de terriers, mais de malentendus éparpillés. Batailler contre l'absolu de s'enfouir et de se taire.

Réclamons venue civilisation serpentaire. Très urgent.

La perte du croyant, c'est de rencontrer son église. Pour notre dommage, car il ne sera plus fraternel par *le fond*.

Émerge autant que possible à ta propre surface. Que le risque soit ta clarté. Comme un vieux rire. Dans une entière modestie.

Et toi, cime d'aujourd'hui, amante, ne crains pas que je t'ajoute aux dons qui t'ont précédée.

Nous passons le plus clair de notre temps à solliciter les ordres d'un inconnu éloigné dont nous distinguons seulement les plis du sourire mais dont nous n'entendons pas, ou feignons de ne pas entendre, le commandement. Suspects l'un à l'autre. Révérencieusement.

Comment agressés de toutes parts, croqués, haïs, roués, arrivons-nous cependant à jouir, debout, debout, debout, avec notre exécration, avec nos reins ?

Pourquoi avons-nous quelquefois tendance à devenir à notre insu cet homme délétère dont nous détestons l'image ? Quand nous sommes provoqués, c'est certain, dans notre réponse nous dérivons, nous convertissons.

L'homme et la femme rapprochés par le ressort de l'amour me font songer à la figure de la coque du navire lié par son amarre à la fascination du quai. Ce murmure, cette pesanteur flexible, ces morsures répétées, la proximité de l'abîme, et par-dessus tout, cette sûreté temporaire, trait d'union entre fureur et accalmie.

La tentation de s'effacer derrière le pullulement des mains.

Nez en l'air pour la séance de voltige finale des Ardélions de l'espace mental : *les parachutes ne s'ouvrent plus.*

Tant de mots sont synonymes d'adieu, tant de visages n'ont pas d'équivalent.

L'expérience que la vie dément, celle que le poète préfère.

J'aime l'homme incertain de ses fins comme l'est, en avril, l'arbre fruitier.

Cet instant où la beauté, après s'être longtemps fait attendre surgit des choses communes, traverse notre champ radieux, lie tout ce qui peut être lié, allume tout ce qui doit être allumé de notre gerbe de ténèbres.

« Supprimer la fenêtre ou non ? » Ce n'est pas le mur qui questionne, ni le maçon, mais l'absurde habitant.

On oublie trop que ce ne sont pas des doctrines qui sont au pouvoir, mais des individus et des tempéraments. L'arbitraire, l'évolution ou le bien-être obtenus dépendent plus de la nature particulière des hommes que de l'exercice et des objectifs des idées. Mais, à la longue, le dard sourd des idéologies...

Bien qu'elle affecte d'avancer à coups d'excès, l'Histoire adore la modération; c'est pourquoi l'Histoire est trouble, non troublante.

Les vrais, les purs bâtisseurs haïssent la léthargie des forteresses.

Si ce n'est pas le capitaine, sur la passerelle du navire, qui dirige la manœuvre, ce sont les rats.

La crainte, l'ironie, l'angoisse que vous ressentez en présence du poète qui porte le poème sur toute sa personne, ne vous méprenez pas, c'est du pur bonheur.

Oiseaux que nous lapidons au pur moment de votre véhémence, où tombez-vous ?

LE DOUX DÉFUNT
Il a neigé jusqu'à la chaleur et personne n'est venu le soulever.

Le poète doit rosser sans ménagement son aigle comme sa grenouille s'il veut ne pas gâter sa lucidité.

J'ai commencé par rêver les choses impossibles, puis, les ayant atteintes, le possible à son tour est devenu impossible. Mon pouvoir s'est évanoui.

Nous sommes le fruit contracté d'un grand prélude inachevé. Il est des avortements connus de tous dont on demeure inconsolable et, partant, souverain.

Les grands prévoyants précèdent un climat, parfois le fixent, mais ne devancent pas les faits. Ils peuvent tout au plus, les déduisant de ce climat, crayonner les contours de leur fantôme et, s'ils ont scrupule, par anticipation, les flétrir. Ce qui aura lieu baigne, au même titre que ce qui a passé, dans une sorte d'immersion.

Il nous faut une haleine à casser des vitres. Et pourtant il nous faut une haleine que nous puissions retenir longtemps.

Que je m'observe dans mes manques comme dans mes excès, dans l'ivresse, dans le tourment, je ne me découvre pas d'*ambition*. « Ma démocratie n'est pas de ce monde », bien que le jeu d'autrui m'importe et ses innombrables considérants.

Peu d'états souverains m'apparaissent comme un point culminant. Ma route est, je crois, un bâton éclaté. Le désir vaut le but quand le but est enfoui en nous. Que je tombe enfin de toute ma masse n'humiliera pas notre ellipse commune !

Bottes chaudes !

Seigneur Temps ! Folles herbes ! Marcheurs puissants !

Pour ces victoires chèrement acquises qui cessent de parler.
(Je ne suis pas très éloigné à présent de la ligne d'emboîture et de l'instant final où, toute chose en mon esprit, par fusion et synthèse, étant devenue absence et promesse d'un futur qui ne m'appartient pas, je vous prierai de m'accorder mon silence et mon congé.)

S'il n'y avait pas d'objections, il n'y aurait pas de chemin, pas de restes abandonnés, pas de poursuite, pas d'alarme, et, après bien des déconvenues, il n'y aurait pas ton sourire.

Mais qui rétablira autour de nous cette immensité, cette densité réellement faites pour nous, et qui, de toutes parts, non divinement, nous baignaient ?

. . . .

POST-MERCI

Nous sommes des météores à gueule de planète. Notre ciel est une veille, notre course une chasse, et notre gibier est une goutte de clarté.

Ensemble nous remettrons la Nuit sur ses rails; et nous irons, tour à tour nous détestant et nous aimant, jusqu'aux étoiles de l'aurore.

J'ai cherché dans mon encre ce qui ne pouvait être quêté : la tache pure au-delà de l'écriture souillée.

En poésie, devenir c'est réconcilier. Le poète ne dit pas la vérité, il la vit; et en la vivant, il devient mensonger. Paradoxe des Muses : justesse du poème.

Dans le tissu du poème doit se retrouver un nombre égal de tunnels dérobés, de chambres d'harmonie, en même temps que d'éléments futurs, de havres au soleil, de pistes captieuses et d'existants s'entr'appelant. Le poète est le passeur de tout cela qui forme un ordre. Et un ordre insurgé.

L'honneur cruel de décevoir !

Qu'elle le veuille ou non, s'en défende ou non, toute créature à l'écart trace un sentier commun puis en pulvérise la réflexion. Ce second geste de répandre pousse en avant la tragédie.

Les fondations les plus fermes reposent sur la fidélité et l'examen critique de cette fidélité.

Nous touchons au temps du suprème désespoir et de l'espoir pour rien, au temps indescriptible.
Consolation. Ce que nos mains, en cette extrémité, tenteront d'accomplir, sans doute, comptera; mais dans l'arbre de vie, pas en deçà, ni au delà. Anticyclope ! Anticyclope !

Le monde jusqu'ici toujours racheté va-t-il être mis à mort devant nous, contre nous ? Criminels sont ceux qui arrêtent le temps dans l'homme pour l'hypnotiser, pour perforer son âme.

Est-ce que, *cette fois,* des millions de souffre-douleur persécutés par leurs bourreaux, se lèvera, guerrier inapte et volonté multiple, l'exterminateur de ces bourreaux ?
Oui, car il n'y a pas de *supremum vale.*

« Qui es-tu, large de carrure, robuste au soufflet, qui t'échines, frustré apparemment de ton salaire ?

— Je suis l'imbécile des cendres bien froides mais qui croit à un tison quelque part survivant. »

Ah ! si chacun, noble naturellement et délié autant qu'il le peut, soulevait la sienne montagne en mettant en péril son bien et ses entrailles, alors passerait à nouveau l'homme terrestre, l'homme qui va, le garant qui élargit, les meilleurs semant le prodige.

A***

Tu es mon amour depuis tant d'années,
Mon vertige devant tant d'attente,
Que rien ne peut vieillir, froidir;
Même ce qui attendait notre mort,
Ou lentement sut nous combattre,
Même ce qui nous est étranger,
Et mes éclipses et mes retours.

Fermée comme un volet de buis,
Une extrême chance compacte
Est notre chaîne de montagnes,
Notre comprimante splendeur.

Je dis chance, ô ma martelée;
Chacun de nous peut recevoir
La part de mystère de l'autre
Sans en répandre le secret;
Et la douleur qui vient d'ailleurs
Trouve enfin sa séparation
Dans la chair de notre unité,
Trouve enfin sa route solaire
Au centre de notre nuée
Qu'elle déchire et recommence.

Je dis chance comme je le sens.
Tu as élevé le sommet
Que devra franchir mon attente
Quand demain disparaîtra.

1948-1950.

V. L'ÂGE CASSANT

Au souvenir de Françoise et de Made-
leine Lévy, à leur mère, à leur père, le
Docteur Jean-Louis Lévy.

Je suis né comme le rocher, avec mes blessures. Sans guérir de ma jeunesse superstitieuse, à bout de fermeté limpide, j'entrai dans l'âge cassant.

En l'état présent du monde, nous étirons une bougie de sang intact au-dessus du réel et nous dormons hors du sommeil.

Ce qui partout domine sans être aperçu : les alchimies et leurs furolles.

Le créateur est pessimiste, la création ambitieuse, donc optimiste. La rotation de la créature se conforme à leurs prescriptions adverses.

Dans la fidélité, nous apprenons à n'être jamais consolés.

Sans l'appui du rivage, ne pas se confier à la mer, mais au vent.

J'ai de naissance la respiration agressive.

Il faut saluer l'ombre aux yeux mi-clos. Elle quitte le verger sans y cueillir.

Souffrir du mal d'intuition.

Sur la poésie la nuit accourt, l'éveil se brise, quand on s'exalte à l'exprimer. Quelle que soit la longueur de sa longe, la poésie se blesse à nous, et nous à ses fuyants.

Il advient que notre cœur soit comme chassé de notre corps. Et notre corps est comme mort.

L'impossible, nous ne l'atteignons pas, mais il nous sert de lanterne. Nous éviterons l'abeille et le serpent, nous dédaignerons le venin et le miel.

L'aubépine en fleurs fut mon premier alphabet.

Confort est crime, m'a dit la source en son rocher.

Sois consolé. En mourant, tu rends tout ce qui t'a été prêté, ton amour, tes amis. Jusqu'à ce froid vivant tant de fois recueilli.

La grande alliée de la mort, celle où elle dissimule le mieux ses moucherons : la mémoire. En même temps que persécutrice de notre odyssée, qui dure d'une veille au rose lendemain.

L'homme : l'air qu'il respire, un jour l'aspire; la terre prend les restes.

Ô mots trop apathiques, ou si lâchement liés ! Osselets qui accourez dans la main du tricheur bienséant, je vous dénonce.

Tuer, m'a décuirassé pour toujours. Tu es ma décuirassée pour toujours. Lequel entendre ?

Qui oserait dire que ce que nous avons détruit valait cent fois mieux que ce que nous avions rêvé et transfiguré sans relâche en murmurant aux ruines ?

Nul homme, à moins d'être un mort-vivant, ne peut se sentir à l'ancre en cette vie.

L'histoire des hommes est la longue succession des synonymes d'un même vocable. Y contredire est un devoir.

Ce qui fut n'est plus. Ce qui n'est pas doit devenir. Du labyrinthe aux deux entrées jaillissent deux mains pleines d'ardeur. À défaut d'un esprit, qu'est-ce qui inspire la livide, l'atroce, ou la rougissante dispensatrice ?

Comment la fin justifierait-elle les moyens ? Il n'y a pas de fin, seulement des moyens à perpétuité, toujours plus machinés.

Ôtez le souffle d'œuvre, sa dynastie inconcevable; renvoyez les arts libéraux, qu'ils cessent de tout réfléchir, c'est le charnier.

L'incalculable bassesse de l'homme sous l'homme, par fatalité et disposition, peut-elle être fondue par un cœur durable ? Quelques-uns, indéfiniment, se glacent ou se dévastent sur ce chantier héréditaire.

Quoi que j'esquisse et j'entreprenne, ce n'est pas de la mort limitrophe, ou d'une liberté hasardeuse et haussée qui s'y précipite, que je me sens solidaire, mais des moissons et des miroirs de notre monde brûlant.

Il eut jusqu'au bout le génie de s'échapper; mais il s'échappa en souffrant.

Supprimer l'éloignement tue. Les dieux ne meurent que d'être parmi nous.

Lécher sa plaie. Le bal des démons s'ouvre au seul musicien.

À la fois vivre, être trompé par la vie, vouloir mieux vivre et le pouvoir, est infernal.

Il y avait dans cet homme toutes les impatiences et les grimaces de l'univers, et même exactement le contraire. Cela diminuait son amertume, donnait une saveur perfide à son espoir qui, ainsi aliéné, ne se dérobait pas.

Le malheur se récompense souvent d'une affliction plus grande.

« Je me révolte, donc je me ramifie. » Ainsi devraient parler les hommes au bûcher qui élève leur rébellion.

Quand le soleil commande, agir peu.

Comme la nature, lorsqu'elle procède à la réfection d'une montagne après nos dommages.

L'inclémence lointaine est filante et fixe. Telle, un regard fier la voit.

Si vous n'acceptez pas ce qu'on vous offre, vous serez un jour des mendiants. Mendiants pour des refus plus grands.

On ne découvre la vraie clarté qu'au bas de l'escalier, au souffle de la porte.

Veuillez me vêtir de tendre neige, ô cieux, qui m'obligez à boire vos larmes.

La douleur est le dernier fruit, lui immortel, de la jeunesse.

Se mettre en chemin sur ses deux pieds, et, jusqu'au soir, le presser, le reconnaître, le bien traiter ce chemin qui, en dépit de ses relais haineux, nous montre les fétus des souhaits exaucés et la terre croisée des oiseaux.

1963-1965.

I. PAUVRETÉ ET PRIVILÈGE

Dédicace   9
Certains jours il ne faut pas craindre...   11
Base et sommet...   11
Billets à Francis Curel
    I.   Premier billet   12
    II.   Deuxième billet   13
    III. Troisième billet   14
    IV. Quatrième billet   15
Prière rogue   19
Huis de la mort salutaire   19
La Lune d'Hypnos   20
Note sur le maquis   24
Roger Bernard   26
Lucienne Bernard est morte à Pertuis...   27
Dominique Corti   27
La liberté passe en trombe   29
Outrages   31
Heureuse la magie...   32
Trois respirations   32

Bandeaux

Bandeau de « Fureur et Mystère »   33
Bandeaux de « Claire »
    I   34
    II   34
Bandeau des « Matinaux »   35
Bandeau de « Lettera amorosa »   35
Bandeau de « Retour amont »   36
Bandeau de « Fenêtres dormantes et porte
    sur le toit »   37

À la question : « Pourquoi ne croyez-vous pas en
    Dieu ? »   38
Y a-t-il des incompatibilités ?   38
La Lettre hors commerce   40
Le Mariage d'un esprit de vingt ans...   42
Pays couvert   43

Une communication ?

Madeleine qui veillait   43
Jeanne qu'on brûla verte   46
Nous resterons attachés...   47
Paris sans issue   47
Sans grand'peine   48
Après   49
Béant comme un volcan...   50

II. ALLIÉS SUBSTANTIELS

En vue de Georges Braque
    Laissons-lui la tranquillité...   53
    1. Georges Braque   53
    2. Sous la verrière   54
    3. Lèvres incorrigibles   56
        Les Blés   56
        Bas-relief   56
        Le Nil   57
        Guéridon et chaises   57
        Nature morte au pigeon   57
        La Nuit   57
        La Femme couchée   57
        La Terrasse   57
        Sujets mythologiques   58
    4. Braque, lorsqu'il peignait   58
        Georges Braque intra-muros   58
    5. Octantaine de Braque   59
    6. Songer à ses dettes   59
    7. Avec Braque, peut-être, on s'était dit...   60
Le Dard dans la fleur   61

Visage de semence 62
Victor Brauner 63
Pierre Charbonnier I 64
Pierre Charbonnier II 64
Louis Fernandez 65
Alberto Giacometti 66
Ciska Grillet 67
N. Ghika 67
Jean Hugo, I 68
Jean Hugo, II 69
Secrets d'hirondelles 70
Wifredo Lam 71
Dansez, montagnes 71
Ban 72
Éloge rupestre de Miró 72
Flux de l'aimant 73
  Avènement de la ligne 74
  Avènement de la couleur 76
  La Forme en vue 78
Francis Picabia 79
Le Coup 79
Mille planches de salut 79
Bois de Staël 81
Nicolas de Staël 82
Il nous a dotés... 82
Vieira da Silva 83
Les Prêles de l'entre-rail 84
Jean Villeri, I 84
Jean Villeri, II 85
Passage de Max Ernst 86
Szenes 87
Nouvelles-Hébrides, Nouvelle-Guinée 87

III. GRANDS ASTREIGNANTS OU LA CONVERSATION SOUVERAINE

Pages d'ascendants pour l'an 1964 91
Antonin Artaud 92

Hommage à Maurice Blanchard   93
Je veux parler d'un ami   93
René Crevel   95
Paul Eluard   96
À la mort d'Eluard   98
La Barque à la proue altérée   99
Héraclite d'Éphèse   100
Hugo   102
La Conversation souveraine   103
Charles Cros   105
Aisé à porter, I   105
Aisé à porter, II   106
En 1871   106
Arthur Rimbaud   107
Réponses interrogatives à une question de
   Martin Heidegger   114
Au revoir, Mademoiselle   116
Pour Jean-Paul Samson   117
À Guy Lévis Mano   118
La Poésie indispensable (Enquête dans
   les cahiers G.L.M.)   120
Impressions anciennes   122
Note à propos d'une deuxième lecture de
   « La Perversion essentielle » in *Le 14 Juillet 1959*   124
Le Souhait et le Constat   125

IV. À UNE SÉRÉNITÉ CRISPÉE (1952)
    129
Préliminaire   131
Produire (travailler) selon les lois de l'utilité...   139
Post-merci   142
A***

V. L'ÂGE CASSANT

Je suis né comme le rocher...   145

DU MÊME AUTEUR

nrf

1945 *Seuls demeurent.*
1946 *Feuillets d'Hypnos.*
1948 *Fureur et mystère.*
1949 *Claire.*
1950 *Les Matinaux.*
1951 *Le Soleil des eaux.*
1951 *A une sérénité crispée.*
1953 *Lettera amorosa.*
1955 *Recherche de la base et du sommet.*
1962 *La Parole en archipel.*
1964 *Commune présence.*
1966 *Retour amont.*
1967 *Trois coups sous les arbres.*
1968 *Dans la pluie giboyeuse.*
1971 *Le nu perdu.*
1976 *Aromates chasseurs.*
1977 *Chants de la Balandrane.*
1979 *Fenêtres dormantes et porte sur le toit.*

DANS LA COLLECTION « POÉSIE »

1966 *Fureur et mystère*, préface d'Yves Berger.
1969 *Les Matinaux*, suivi de *La Parole en archipel.*
1978 *Le nu perdu et autres poèmes.*

DANS LA COLLECTION « LA PLÉIADE »

1983 *Œuvres complètes.*

Ce volume,
le soixante-dix-septième de la collection Poésie,
a été achevé d'imprimer sur les presses
de l'imprimerie Bussière à Saint-Amand (Cher),
le 22 avril 1983.
Dépôt légal : avril 1983.
1ᵉʳ dépôt légal dans la collection : novembre 1971.
Numéro d'imprimeur : 740.
ISBN 2-07-031918-0./Imprimé en France.